45歳から5億円を稼ぐ勉強法

植田 統

阪急コミュニケーションズ

はじめに

「45歳から5億円を稼ぐ勉強法」とは何か。

勉強なら、小学生のときからしている。中学受験でもやったし、高校受験でもやったし、大学受験でも必死で勉強した。「45歳からの勉強法」だって、18歳のときと同じじゃないか？何が違うというのだ。

それも「5億円を稼ぐ」なんて修飾語を付けているが、そんなこと無理に決まっているじゃないか。


ところが、そうではない。

まず、5億を稼げるかを考えてみると、それは2000万円×25年だ。つまり、45歳から70歳まで、バリバリの現役を続けて、毎年2000万円稼ぎ続ければ到達可能な数字だ。決して不可能な数字ではない。

「45歳からの勉強法」のどこが「18歳までの勉強法」と違うかと言えば目的だ。5億円という明確な目的がある。18歳までの勉強は、「いい大学に入るための勉強」だった。そのために、テストの点を上げることだけが目的だった。

「45歳からの勉強法」は、豊かな老後を過ごせるように、70歳まで現役を続け、5億円を稼ぐ、そのための勉強である。

今では、年金が出るのは65歳。でも厚生年金だけだと、月に25万円ぐらいしかもらえない。趣味をエンジョイし、海外旅行にもたくさん行き、子供や孫にも何か買ってやりたい、自分自身、新しいことにも挑戦していきたいと思ったら、とてもとてもこれでは足りない。

それに、会社の中で55歳ごろから窓際族になって、日がな一日新聞を読んでいるのも面白くない。社会に出て人の間に入るのが人間だ。せめて70歳まで、知的刺激のある面白い仕事をやりたい。やるなら社会からも認められ、自分でやってよかったと思える素晴らしい仕事をしたい。2000万円ぐらいの価値を認めてもらえる仕事を……。

だから、「45歳からの勉強法」の成果は、テストの結果ではなく、その後、自分が70歳まで現役を続けられるか、毎年2000万円稼げるかどうかで測るのである。

そして、目的が違うから、「勉強のやり方」も違ってくる。18歳までの勉強は、目の前のテストでいい成績を取ること、偏差値を上げることに集中していた。とにかく暗記して、テストで知識を吐き出したら終わり。その後の生活には、何の足しにもならない。「45歳からの勉強法」は、ここが全く違う。現役を続けるために何を勉強すべきかをまず考える。その答えが見つかったら、いかに社会で評価される知識を素早く獲得するかを考える。本を最初から最後まで読んで暗記することはしない。自分の必要なものだけつまみ食いして終わり。あとはそれをいかに自分の仕事に役立てるか、そうしてどれだけ稼ぐかを考える。

さて、かく言う私がどうしてきたか。

40歳を超えたころから、「今のまま外資系で頑張っても、いつかThe Endの日が来るな」、「50歳を超えたら、何やって食っていこうか」と考えていた。

当時、仕事についていたのが、レクシスネクシスというアメリカのデータベース会社の日本法人の社長。もう、45歳を超えていた。

この職について驚いたのは、会う人、会う人、法律関係の人ばかりになったこと。弁護士、大学の法学部教授、法律関連の出版社。この会社は、法律とビジネスのデータベースで世界市場の1、2位を争う会社なので、お客様は、皆一度は、使ったことがある。電話をすると、日弁連会長まで会ってくれた。東大教授も、である。自分でも、なんでこんなに偉い人が会ってくれるのかと思ったほどだ。

そうこうしているうちに、ある大学の先生が、「ロースクールは夜間もできるので、植田さんもやってみたら」と軽い気持ちで話しかけてきた。これがどこか心の中に残ったのだろう。

ロースクールができて初めての新司法試験が行われた年、50％の受験者が合格した。これなら「俺も受かるよな」と思い、ついに「俺もロースクールに行って、弁護士になろう」と決意した。これで、いつも会っている大学の法学部の教授や弁護士と対等に話ができるかもしれないと。

そこで受験したのが、夜間のある成蹊大学だ。自信がなかったので、最初は法学部卒以外の人のために作られた未修者向けの3年のコースを受けた。合格通知が来てみると、授業料半額免除の特待生だった。

なおかつ、既修者認定試験を受ければ、2年コースへの転換も可能とのことだ。そこで受けてみると、出来は悪かったが何とか合格。特待生待遇も消えることなく、入学できるというので、他の学校は全く受けずに入学した。

48歳4か月にして、25年間の勉強のブランクというハンデを負って、ロースクールに入学した。周りにいるのは、自分より15歳ぐらい年下の人。自分より息子の年齢に近い。こういう若い人たちに交じって、平日の夜と土曜日、学校に通い始めた。

こうして、70歳まで現役を目指して、5億円を稼ぐことを目標にした自分の勉強が始まった。

その後は、試行錯誤しながら「45歳からの勉強法」を自ら編み出し、実践した。そうして50歳9か月で新司法試験に合格。仕事をしながら、休みもほとんどとらず、一発合格である。仕事の関係で、その年の司法修習は見送り、翌年、司法研修所に入所する。52歳。そして1年の修習を終え、最後の試験にも合格して、弁護士登録したのが53歳のときだ。超遅咲きである。

私はその後、さらに1年半の経営コンサルタント生活を経た後、54歳7か月にして、サラリーマン人生に別れを告げた。弁護士として開業し、今は日々、弁護士業の実践に励んでいる。当初の目的通り、弁護士2年目にして、年収3000万円を突破した。

その一方で、経営コンサルタントとしてのキャリアも捨てがたく、55歳4か月にして名古屋商科大学経営学部教授に就任した。ウィークエンドMBAコースで、社会人学生を相手に経営学を教えることになり、「45歳から5億円を稼ぐ勉強法」、つまり、「キャリアを切り開くという目的のはっきりとした勉強法」を伝授している。

こうした48歳からの自分の勉強方法を集大成したのが、この本である。きっと、あなたの参考になるはずだ。

この本は、最初から最後まで読む必要などない。目次を見て、自分にとって、45歳から70歳まで現役を続けるためのヒントになるものはこれだ、と思えるものを見つけてもらえればそれでいい。

「45歳から5億円を稼ぐ勉強法」について知りたいことだけつかみ、あなたも70歳まで現役、年収2000万円の世界に到達してもらいたい。

2014年初春

植田　統

45歳から5億円を稼ぐ勉強法

目次

第2章 45歳から5億円を稼ぐために

第3章 70歳まで現役を続けるための5つの発想転換

第4章 私が司法試験に一発合格できた3つのポイント

第5章　勉強が続かない5つの理由

第6章　5億円への勉強法10か条

第7章 最後までやり切るための時間術5か条

装丁・本文デザイン　轡田昭彦＋坪井朋子

プロローグ――45歳が直面する現実

私の名前は、向井 学。今、45歳の会社員だ。1990年に京都の有名私立大学を卒業し、大阪に本社のある有名電機メーカーに就職した。いわゆるバブル入社組である。

大学時代は、周りには授業にも出ず、遊んでいる友達が多かったが、自分は真面目に授業に出ていた。選択したマクロ経済のゼミでも、一所懸命勉強し、4年の秋には、教授の勧めもあって、今の有名電機メーカーを受けたところ、すんなりと合格した。名前の通り、向学心に燃えて、しっかりと勉強してきたことが報われたようだった。

父親は高校の教員だったが、私が有名電機メーカーに就職できたことをとても自慢に思ってくれた。父は真面目一徹の人で、家でも授業の予習に余念がなかった。私自身も子供のときから、学校の宿題はちゃんとやるほうだった。そのお蔭で、勉強の癖が付き、京都の有名私立大学への進学も可能になったのだと思う。

会社に入ってからも、自分の生活パターンは変わることなく、仕事をきっちりとやった。何か勉強しなければならないことがあると、本を買い込んで家で勉強し、いい仕事をしてきたつもりだ。会議でプレゼンするのは不得意だったが、作成する資料は、文章も数字の裏付けもよくできており、上司からたびたび褒められた。

だが、20代後半から、同期入社組の中でも徐々に色がついてきて、自分は、管理系の地味な部署から抜け出すことができなくなってしまった。入社時の兵庫県の工場総務を始めに、その後、大阪本社工場の経理、本社総務部、京都支店経理部と転勤してきたが、自分としてやってみたい製品開発や営業の仕事には、一度も配属してもらえなかった。

自分の真面目だが地味な性格が災いして、人事や管理系の仕事をする人間と位置づけられてしまったのだと思う。それでも、管理系の中では、同期と同じスピードで出世させてもらい、35歳で係長、42歳で課長になり、年収も1000万円を突破した。

会社の業績は、自分が入社した1990年代は結構良かったものの、2000年代には、主力のテレビ事業で韓国メーカーとの戦いに敗れ、業績は悪化した。特に、

2008年のリーマンショック以降の円高は厳しく、大きな赤字を計上することになった。

一昨年には、我が社が得意としてきたプラズマ型テレビ事業からの撤退を発表し、それから次々と工場が閉鎖されていった。かわいそうだったのは、地方のテレビ工場で雇われていた工員たちだ。これまで20年、30年と会社のために一所懸命働いてきたのに、整理解雇が大々的に行われることになった。

私は本社採用だから解雇を免れたが、地方の工場子会社で雇われていた人たちは全員解雇されてしまった。多額の早期退職金をもらったとはいえ、地元に他の仕事があるわけではないので、これから先、退職金の取り崩し生活だ。

解雇は免れたものの、会社全体が縮小していく中で、私自身も今後の出世は望めそうもない。給与だって、増えるより、減ることを覚悟しておいたほうがよいだろう。

こうした厳しい現実を見ていて、私も2年前から、「何か手に職を付けておかないと大変なことになるな」と、危機感を持ち始めた。

これまで管理系の仕事の中でも、経理の仕事が多かったところから、すぐに思いついたのは、会計・税務系の資格を取ることだ。

簡単に取れそうなのは、アメリカのCPA（公認会計士）資格だ。会社の若い人たちの中では、ちょっとしたブームになっているようで、自分の部下の中にも、既にこれをもっている人が何人かいる。でも、今さら自分が部下の持っている資格を取るのは癪《しゃく》だ。

そこで、挑戦しようと決めたのが税理士資格。自分の会社では、子会社までを含めた大きな経理システムがあるので、社内でそのシステムにインプットし、最終的な税務申告や会計帳簿の作成は、会計監査法人にお願いしている。

巷《ちまた》の中小企業は、会計帳簿の作成から税務申告までを一手に税理士に外注しているらしい。税理士になって、そうした中小企業をお客さんに持てば、うまくやっていけるだろう。

毎月の顧問料は2万円とか3万円らしいが、税務申告のときには20万円、30万円と請求できるので、顧問先を1社持てば、年間50万～60万円という収入になるらしい。顧問先を20社持てば、1000万円だから、今の年収は維持できる。

これなら、独立してやっていける。顧問先を30社、40社と増やしていけば、年収2000万円の世界も見えてくる。そこまでいけば、今の我が社の執行役員の年収だ。

こう考えて、税理士の勉強を始めることを決めた。

税理士試験の必修科目は、簿記論、財務諸表論の2つ。他に選択必修科目として、法人税、所得税のどちらかを取らなければならない。全部で5科目の合格を要するから、さらに相続税法、消費税法または酒税法、国税徴収法、事業税または住民税、固定資産税の選択科目の中から2科目に合格しなければならない。

結構大変な勉強だが、全部に一挙に合格する必要はなく、何年かけてでも、5科目に合格すれば、資格をもらえる。3年計画で資格を取ろうと考えた。

まず1年目は、必修科目の簿記論と財務諸表論を勉強することにした。

といっても、いかにして勉強をしていけばよいのかがわからないので、予備校の講座を取ることにした。

予備校に入ってみると、テキストが配布され、土日も含めて毎週4回授業に出席することになった。予備校のテキストは、2色刷りでわかりやすく書いてある。授業も、講師ができるだけわかりやすく説明してくれる。

私は予習復習もきっちりやっていったから、予備校での試験成績は結構よかった。ただ、勉強を始めてしばらくたつと、だんだんと難しい問題、細かい論点が出てくるようになり、それが気になって仕方なかった。

そうした問題が本試験で出ても対応できるようにと、分厚い教科書を買い込み、問題集を買い込んで、日夜、勉強するようになった。こうして難しい問題と格闘し、分厚い教科書を読み込んでいる間に、早くも1年が経過し、初めての本試験の日を迎えた。

どちらの科目もまだ教科書の読み込み、問題集の問題の検討が全部は終わっておらず、自信のない中での試験だった。「参加することに意義がある」、「試験に慣れておくために受験する」という感じの受験に終わり、12月の発表では、予想通り両科目とも不合格。一気にやる気がなくなった。

正月明けまでやる気が戻らず、今度こそという気持ちになったのが、2月初旬。今年は戦略を変えようと考え、受験を2科目の中では点数のよかった簿記論の一本に絞ることにした。これなら、簿記論の教科書を読破し、問題集の演習もすべて終えて、万全の準備ができると考えたのである。

そして、2年目に簿記論に合格。その後も1科目ずつ丁寧に勉強し、毎年1科目ずつ手堅く合格を果たし、ようやく50歳にして、税理士資格を手にした。

一方、会社のほうでは、まだ業績の低迷が続き、自分も未だに課長職。奈良の洗濯機工場で経理課長を務めていた。年収もいっこうに上がらず、1000万円台にとどまったままだ。

会社の業績は一進一退の状況にあり、このまま長く会社にとどまっていても、明るい未来はない。会社では、毎年50歳以上の社員を対象に早期退職を募集しており、割増退職金が年収の1年分付いてくるらしい。もう勤続28年になっているので、辞めれば4000万円の退職金が手に入る。

これを元手に、税理士事務所を構え、会社の取引先等を顧問先にしていけば、2、3年のうちには事務所経営も軌道に乗ってくるに違いない。

妻に相談すると「大丈夫なの？」と反対されたが、せっかく5年間頑張ってきた税理士試験に合格したのに、「資格を使わない手はない。きっとうまくいくはずだ」と考えた私は、思い切って早期退職に応募することにした。

こうして51歳になった3月、長年お世話になった会社を退職した。同時に、自宅を改装して事務所スペースを作り、向井税理士事務所を開業した。費用は、300万円ほどで済ませた。場所は、自宅のある大阪市である。

退職前から、こっそりとではあるが営業活動を始め、これまで会社の仕事で付き合いのあった部品会社、販売会社の社長に挨拶に行った。

どこの会社でも、「3か月後に税理士として独立するので、今後もよろしくお願いします」と言うと、「それはよかったですね。今後も応援していきますよ」と温かい言葉をかけてくれた。「やっぱり大企業に勤めてきてよかったな。たくさんの将来の顧問先も見つけられた」と思った。

ところが、独立してから部品会社や販売会社を訪問すると、社長にはなかなか会ってもらえない。いつも会うのは、経理部長である。「顧問契約の件、以前から社長にお願いしてあるので、是非お願いします」と言っても、「今の税理士さんとの契約が切れたときに考えてみる」の答えだけで、いっこうにアクションを起こしてくれない。

そうこうしているうちに、1年がたち、結局顧問契約がとれたのは、近所の居酒屋と最近友達が創業したベンチャー企業の2社だけ。他にやった仕事は、妻の友人から依頼してもらった相続税申告の仕事だけだった。収入は100万円。まだ息子と娘が大学に行っているので、学費と生活費を合わせると、どうしても年間600万円はかかる。これでは、退職金の食いつぶし生活だ。

2年目を迎え、営業方針を切り替えた。地元の商工会に入会し、人脈を広め、飲食店や小売店の店主とお付き合いをするようにした。すると、徐々にではあるが、顧問先が増加してきた。しかし、1件当たりの金額は小さい。

それでも2年目には6件の顧問先の獲得に成功し、何とか収入も300万円台に乗ってきた。

この先、どうやって顧問先を開拓していったらいいのか、いつになったら年収1000万円に到達できるのか。日夜考えているが、答えが見つからない。不安な日々を過ごす今日このごろである。

――勉強を志して資格を取得しても、向井 学氏のような日々が待っている可能性がある。

この本は、皆さんがこんなことにならないように読む本である。

第1章

45歳から練り直す人生戦略

「45歳」は、どういう意味を持っているか。

45歳は、人生90年時代のちょうど真ん中。

22歳で会社に入り、65歳で退職するとすれば、会社人生の真ん中でもある。

会社人生においては、自分のキャリアがどうなるかが見えてくる点で、重要なターニングポイントだ。

そういう重要な時期だからこそ、45歳で人生戦略を練り直す必要がある。

45歳は会社人生のターニングポイント

45歳は人生と会社人生の折り返し点だ。

だが、時間的にちょうど真ん中というだけではない、もっと重要な意味がある。つまり、**会社人生において、あなたが最初に入った会社でのキャリアの終着点が見えてくるのが、この45歳の時点であるということだ。**

会社に入ったら、その瞬間から選別が開始されている。その結果が明らかになってくるのが、同期から部長が誕生する45歳ごろなのである。ここで部長になれないのなら、将来執行役員や取締役に昇進することなどあり得ない。部長になれなければ、会社で紹介してくれる再就職先もあまりいいところは回ってこない。

こうして、日本の会社に勤めているサラリーマンにとって、45歳が会社人生のターニングポイントになる。

私がいたような外資系の世界だと、事態はもっと深刻だ。45歳を境に失業し、独立コンサルタントの道を歩む人が増えてくるのである。

独立コンサルタントができるならいいじゃないか、というのは大間違いだ。独立コンサルタントには、独立したくて独立した人はほとんどいない。雇ってくれる会社がなくて、やむを得ず独立した人がほとんどだ。つまり、45歳を境に転職が難しくなって、独立を迫られる人が急激に増えてくるのである。

なぜそんなことになるのかと言えば、それは簡単。外資系の会社では昇進が早いから、部長でも35歳とか40歳なのである。日本法人の社長でも45〜50歳ぐらいだ。

外資系の会社が日本法人の社長を探すとなると、年齢的には、45歳前後の人に声をかけてくる。それ以上の人には声をかけない。

45歳前後になっていても、能力的、経験的に社長ができるレベルまで到達していない人は相手にされない。

あなたが、「いやー、給料は安くていいですから、部長でなんとか入れませんか」と言っても相手は聞いてくれない。相手の会社は、それならもっと使いやすい40歳の人を部長として雇ってしまう。

さらに、数の問題がある。当たり前のことだが、社長ポストは会社にひとつしかない。部長のように4つも5つもないのだ。だから、45歳で能力的に社長レベルに到達している人でも、めったに声をかけてもらえないのである。

かくして、外資系の世界にいる人は、45歳を境にとんと転職話がなくなり、今の会社で「辞めてくれ」と言われると、次が見つからなくなる。本当の意味でのターニングポイントを迎えるのである。

外資系の有名な会社にいて、45歳で部長ともなれば、年収2000万円ぐらいもらっている。それが、仕事を失うと、いきなり年収ゼロ。こんなことにならないようにするために必要なのが、「45歳からの勉強法」である。

では、日系の会社に勤めている人はどうなるのか。

日本の会社に勤めていると、45歳前後に部長になれるかどうかで、会社が65歳までちゃんと処遇してくれる人は誰かが明らかになってくる。

45歳から昇進できれば、年収は上がっていき、そのうち2000万円に到達する。45歳で勝負に負けると、逆に年収がドンと下がる。55歳を超えてくると、役職定年になる会社も多く、年収がいきなり3割、4割と下がってしまう。

これがターニングポイントの現実だ。

ターニングポイントを迎えた人は、もう一度、自分のキャリアを一から作り直す気概で仕事に臨んでいかないと、豊かな老後の世界は開けてこない。70歳まで現役を続け、5億円を稼ぐなど夢のまた夢になってしまう。

そこで、45歳からの人生戦略を立てることが、とても重要になってくる。

まとめ

45歳は会社人生のターニングポイント

⬅

ここをうまく乗り切らないと、

「70歳まで現役」の世界は見えてこない

⬅

人生戦略を立て直せ

個人の力で生きる45歳からの人生

そもそも、日本のサラリーマンは恵まれている。一度会社に入ってしまえば、いわば「三食昼寝付き」。この言葉は、サラリーマンの主婦のことをもじったものだが、実はあなたも同じだ。

つまり、会社に忠誠を誓う限り、毎月決まった給料がもらえ、住宅手当を支給され、子供ができれば家族手当が支給される。そして、定年を迎えるまで、会社に置いてもらえる。人生丸抱えである。

多少仕事ができなくても、閑職に追いやられる程度でクビになることはほとんどない。上司に歯向かっても、いきなりクビになることはない。人事部がそりの合いそうな上司のいるところに異動させてくれて、嫌いな上司から離れられる。

こうして、45歳まで安穏な生活を送ることができる。

ところが、45歳になり、同期から部長が出てくると、差が歴然としてくる。会社にある部長ポストは限られているから、部長の椅子に座れる人は一握り。部長になった人は、将来の役員の椅子も見えてくる。仮に役員になれなくとも、子会社の役員の椅子なら確実だ。

しかし、課長、次長止まりの人はそうはいかない。子会社に転籍し、年下だが本社で部長まで昇進した役員に仕えるか、窓際族となり、日がな一日新聞を読んで過ごすか、取引先に転籍して頑張ってみるかの選択を迫られる。

話題になったテレビドラマ『半沢直樹』の中に出てくるタミヤ電機の近藤部長が、まさに取引先転籍組だ。東京中央銀行から経理部長として取引先に派遣されたものの、そこでは社長と経理課長がグルになっていじめてくる。やる気を出して頑張りすぎると、取引先から追い出される。

次の出向先は、東京から遠く離れた地方だ。そこで、大和田常務から「半沢を裏切れば銀行に戻してやる」と甘い言葉を掛けられると、あっという間に陥落。何とも情けない。

まあ、これはテレビドラマの話で、現実はここまで極端ではない。でも、同じようなことはよくあるらしい。銀行から取引先に派遣されても、半年ぐらいで戻ってくる人は多い。自分の力で取引先に溶け込み、実績を示すことができないと、取引先から〝返品〟されてしまうのだ。

外資系の世界は厳しいが、45歳までなら活発な転職マーケットがあり、あまり能力が高くなくても、それなりに転職人生を生き抜いていける。

ところが、45歳のターニングポイントの先は〝闇〟である。突然、仕事が見つからなくなる。かくして、独立ヘッドハンター、独立コンサルタントが乱立する。

この様相は、野球選手、相撲取りの世界と同じだ。

華々しい野球選手も、引退すればタダの人。球団が面倒を見てくれるのは、功績のあった選手だけだ。鳴り物入りで入団した大型ルーキーも、1、2年で怪我でもして辞めようものなら、何の面倒も見てもらえない。自分で就職先を探し、人生を一から再スタートさせるしかない。

相撲取りも同じで、大関とか横綱になった人は、親方になり、一生相撲協会の一員として食いっぱぐれることはないが、若くして辞めた力士は、独立してちゃんこ屋を開業するしかない。

外資系の世界では、いわばちゃんこ屋が独立コンサルタントに相当する。有名インベストメント・バンクの○○マネジング・ダイレクターが、突如自分しか社員のいない○○コンサルティング会社のヘッドハンターになる。

独立して1、2年は、お友達のインベストメント・バンカーを知り合いの外資系の証券会社に紹介することで結構稼いでいける。ヘッドハンターの成功報酬は、紹介した人の年収の3分の1だから、年収3000万円の人を紹介すれば1000万円の手数料が入るというわけだ。携帯電話一本でできるヘッドハンターの仕事なら、年間3人のお友達をどこかにはめ込むことができれば、いい商売になる。

ところが、世の中そんなに甘くはない。一通りお友達を紹介してしまうと、玉切れになる。自分の後から、インベストメント・バンクをクビになった人がどんどんヘッドハンターになって参入してくるから、競争は厳しくなる。そして、2、3年すると、仕事はうまくいかなくなる。

そうして、自分が何で食っていけるのか、どうやって差別化していけるのかを真剣に考えるようになるのである。裸の自分で勝負するしかないのだが、そのときの切り口が見つからないのだ。

ターニングポイントの怖いところは、曲がることはわかっていても、行き先が見えないこと。それまで自分のことを丸抱えしてくれていた会社や球団や相撲部屋が、何も助けてくれ

なくなり、自分の力で自分の人生を切り開いていかなければならなくなることだ。

しかし、世間は厳しい。

昨日まで大企業の部長や課長と簡単にアポイントが取れていたのが、突如、全く取れなくなる。自分のことをよくよく説明しないと、相手に会ってもらえない。話も聞いてもらえない。

辞めてしばらくの間は、取引先の大企業の部長に電話をすれば、会ってはもらえる。相手の部長も、独立したあなたがどうしているのかちょっと興味があるし、この前まで親しく付き合っていたのに、突然手のひらを返したように断るわけにもいかないから、話をしてくれる。

だが、これも3か月たち、4か月たち、時が過ぎていくと、もう電話をしても「今日は忙しくて時間が取れません」と言われ、なかなか会えなくなる。しまいには、秘書から「今部長は外出中です」と言って、居留守を使われ、電話の取り次ぎもしてもらえなくなる。

会社を辞めるということは、これぐらいインパクトのある出来事である。会社に勤めていた時代には簡単にできたことが、全くできなくなるということだ。

これが世間の冷たい現実。そこで、多くの人が考えるのが、何か資格を取って箔を付けられないかということだ。

まとめ

45歳からの世界は会社の看板のない世界
⬅
会社の外の世界は弱肉強食
⬅
個人の力が問われる世界

食える資格と食えない資格

では、資格を取れば、２０００万円稼げるようになるのだろうか。

答えはＮＯである。資格だけ取っても、２０００万円は稼げない。

その証拠に、インターネットで「徹底比較　役に立つ資格試験ランキング」というページを見てみると、次のような順番が載っている。

1. 医師・弁護士・パイロット（１０００万円以上）
2. 司法書士（約９００万円）
3. 税理士、公認会計士（約８００万円）
4. 大学講師（約７００万円）
5. 中小企業診断士・建築士（１級）（約６００万円）

6. 社会保険労務士・行政書士（500万～600万円）
7. 気象予報士（約500万円）
8. 通関士・旅行業務取扱管理者・証券外務員（400万～500万円）
9. 調理師・医療事務（300万～400万円）

つまり、資格だけで2000万円を稼ぐのは無理ということだ。
それでも、資格があると有利なのは間違いない。

私が弁護士になったのも、それが理由だ。コンサルティング会社の数千万円の報酬を投げうって年収数百万円の司法修習生となったのも、将来は稼げると思ったからだ。

弁護士になってみて感じるのは、確かに資格を持っているのは得だということ。世間の人から、プロフェッショナルとして見てもらえる。尊敬されているかどうかはわからないが、一目置かれている。

「食えない」と言われている弁護士だが、それは私に言わせれば古き良き時代との比較での話に過ぎない。

先輩弁護士の話を聞くと、戦前なら、内容証明郵便を1か月に1通書けば食っていけたという。戦後も長らくは、事務所を構えていればクライアントから電話が入り、訴訟事件を受任すれば、かなりの金額の報酬になったという。弁護士はあくせく働かなくても、かなりいい生活を送れたようだ。

それが今は様変わり。新司法試験ができて、弁護士の数が急激に増えた。一方、経済は低迷、人口は減少、事件の数は減っている。自分でマーケティングをしないと、仕事が入らなくなってきた。

私も弁護士を開業してからは、マーケティングに時間の3～4割を使っている。これを続けない限り、十分な件数の仕事にはありつけない。

この結果、取った仕事の処理がプライベートな時間に食い込んでくる。夜も家に帰ってから、パソコンを見ながら事件処理。土日も案件があれば、出て行かざるを得ない。手を抜けば、リピートもなくなるし、悪い噂が立つかもしれないから、どんな仕事もきっちりとやる。土日も始終仕事のことを考えている。

それでも、それだけの仕事があるのはうれしい話だと言える。

古き良き時代を知っている弁護士たちには、マーケティングという発想がなく、彼らは自分から人脈を広げ、クライアントを広げていこうとはしない。そうしていると、クライアントは減る一方で、ジリ貧になってくる。

でも、弁護士は、まだ何とか食えている資格である。

他に食える資格には、公認会計士と税理士がある。

ただし、公認会計士の仕事は上場企業・公開企業の監査だ。上場・公開企業数の減少、価格競争の激化により、その市場は不況に陥っている。

大手監査法人は、過去5年間にかなりのリストラを行った。その結果、大量の公認会計士が監査法人を辞め、中小企業を相手に税理士業務を始めた。

税理士の仕事は、中小企業の帳簿作成と税務申告である。もともと、税理士は数は7万人と多い。最近では、簡単に入力できる会計ソフトが登場し、記帳代行をする無資格業者も現れ、競争が厳しくなった。その上、中小企業の数は減る方向。そこで、月1万円のフィーで記帳代行をやる税理士もいるらしい。

こうした厳しい環境でこそ、日ごろの地道な営業努力の結果が現れる。

昔から地道に顧問先を増やしてきた税理士は、ロイヤリティの高い顧客を抱えている。月3万円、5万円のフィーをもらい、年に一度の税務申告時には30万円ぐらいをもらうから、経営的には安定している。

一方、そうした地道な営業努力を重ねてこなかった人、税理士になったばかりの人は、収入の維持に苦労している。

先のランキングには入っていないが、もうひとつ食える資格は、弁理士である。これは知的財産権の重要性の増加に伴って、需要が増えている分野だ。数も1万人程度だから、供給過剰ということはない。

他に食える資格と言えば、マイナーだが、不動産鑑定士もいい。これも人数が少なく、それなりに儲かるようだ。なかには、後に述べる宅建資格を持ち、両方の仕事をしている人もいる。

また、最近気が付いたのが土地家屋調査士。1万7000人の有資格者がいるが、不動産の測量、登記の業務を手掛け、結構いいフィーを取っている。

不動産仲介業者から仕事を紹介され、言い値で仕事を受注できるところが強みだ。お金を支払う不動産の購入者や所有者が何のことかわからないうちに、「そういうものだ」とあきらめてフィーを払ってくれるところがミソらしい。

不動産関連が続くが、宅建も意外に食える資格である。何せ、不動産取引の手数料は片道3%。1件1億円の売買取引ができれば、かなりおいしい。片道でも300万円、売りも買いも両方できれば、600万円だ。宅建業者数は、〝ごまん〟といるどころか12万人を超えるが、手数料が高いので、傍から見ているといい商売である。

これに対して、「割に合わないな」、「食べていけるのかな」と思う資格もたくさんある。まず、司法書士。先ほどのランキングでは、平均年収900万円となっていたが、私の実感には合わない。

司法書士の試験の合格率は、3％という超難関である。現在の司法試験は、ロースクールを出た者しか受験できないとはいえ、合格率は25％を超えているのだから、司法書士は本当に超難関の試験である。

しかし、登記の手数料は安く、だいたい5万円程度だ。その上、不動産の登記は間違いがあってはならないから、気をつかうもの。当然、それなりに時間もかかる。神経をすり減らし、時間をかけてやって5万円ぐらいだから、割に合わない。特に、宅建の業者が何百万円もの仲介料を取っていることを考えると……。

そこで、司法書士界でしばらくブームになったのが、過払い金請求訴訟だった。140万円以下の過払い金請求訴訟なら、司法書士が代理人を務めることができるようになったので、不動産登記に飽きた司法書士が殺到した。

過払い金請求訴訟は、サラ金から金を取り戻せば、その金額の2割、3割を成功報酬としてもらえる。過払い金は100万円程度になることが多いので、数十万円になる仕事である。しかし、今では過払い金請求訴訟もだいたい終わってしまった。結局、司法書士は登記に戻ることになり、件数で稼がなければならない状態に戻った。消耗戦が続いている。

また、中小企業診断士も苦しそうである。

そもそも中小企業診断士の資格は、大企業に勤めている人が定年間近になって、会社を辞めた後、仕事をやっていくときの役に立てようと思って取る場合が多い。でも、そういう人たちは、結局、会社の年金に頼っている。クライアントからお金を取るのも不得手な人が多く、かなり安いフィーで仕事を受けている。

こうした人が多いから、若くして中小企業診断士の資格を取った人が割りを食う。フィーが切り下がり、とても食べていけない状態になるのだ。だから、中小企業診断士に受かっても、会社勤めをしている人は、定年退職を迎えるまで開業もしない。

社会保険労務士も結構大変そうだ。

社会保険労務士は、雇用保険や労災保険の手続きを扱うので、中小企業の経営にとっては必須の仕事である。従業員数に応じたフィーをチャージするようであるが、小規模企業ばかりを相手にしていると経費倒れになりかねない。

中小企業でも社内で保険等の手続きをすることは可能だから、なかなか外注費用として高いフィーを払ってもらえない。

そのわりに、独立開業している人が2万4000人ほどいるから、競争は熾烈だ。

この試験も合格率は7%程度であるから、かなり難しい試験だが、あまり稼げない資格である。

こうして見てくるとわかるように、試験の難しさと「食える度」、「稼げる度」は比例しない。司法書士や社会保険労務士のように、試験は難しいが、食べていくのが大変な資格もある。

だから、資格を取ろうと考えるなら、何を取るか、それによってどうやって稼ぐかの見通しを持っていなければならない。

何となく「面白そう」、「挑戦し甲斐がありそう」で資格を取ると、こんなはずじゃなかったということになりかねない。

そんな漫然とした気持ちで資格を取るぐらいなら、自分の経験を売りにして、コンサルティング業を始めたほうがいいのではないか。

私が付き合っている人の中には、事業再生コンサルタントが何人かいるが、彼らは特に資格を持たない。なかには、自分が倒産に追い込まれた経験を活かして、今困っている企業にアドバイスを提供し、結構稼いでいる人もいる。

相手の業績が左前であるのに、月に30万円、50万円とかいうフィーを取っている人もいる。我々弁護士の顧問料が、普通月額５万円、10万円程度であるのと比べても、破格のフィーである。

他にも、カンボジアとかインドネシアとかに人脈を持っていて、それを活かして、カンボジア進出、インドネシア進出を支援するコンサルタントがいる。昨今のアジア進出ブームに乗って、彼らも結構稼いでいるらしい。

また、コーチングの技術を身に付け、中小企業の社長さん相手に1か月に1回コーチをして、10万円ぐらいのフィーを取るコンサルタントもいる。さらに、その会社の幹部向けの企業研修を社長さんに売り込んで、数十万の収入の上乗せに成功している人もいる。

こうした人たちは、恐らく年収２０００万円の世界に到達し、クライアントもきっちりと握っている。彼らは、70歳までの現役生活が見えてきた人たちである。

つまり、資格だけが稼ぐ道ではない。自分の経験やスキルこそが武器になるのである。そして、その経験やスキルを活かしてクライアントをしっかりと握ることができれば、「70歳まで現役」のモデルを構築することができるのである。

まとめ

食える資格は限られている

⬇

資格がなくても十分食えている人はいる

⬇

資格は5億円実現の手段のひとつと考えろ

食える経験とスキルとは?

先に述べたように、食っていくために大切なのは、資格ではなく、その人の持つ経験とスキルだ。

では、どういう経験やスキルが活きるのか。これがまた種々雑多だから困る。それでも、共通項を拾い上げると、次の3つに分類できる。

第一に、**クライアントのニーズを正確に把握できること。お客様は神様。神様のニーズを満足させることができない者が成功することはあり得ない。**

こう言うと、ヨイショの仕方がうまい人なら、うまくいくのかと思うかもしれないが、それは全くの見当外れだ。

クライアントは、そんなに程度が低くない。クライアントは、あなたに仕事を依頼する前に、2、3件の競争相手を訪問している。クライアントの直面する問題に誰が適切な答えを出してくれそうかを慎重に比較している。

私が最近お目にかかった経営者の方は、事業承継の悩みを持っていた。大きな方向性はご自身で決められているのだが、法務や税務のテクニカルなアドバイスを求めていたらしい。初めてのミーティングの前に、いきなりメールが送られてきて、質問が飛んできた。私は無報酬のこの段階から、いろいろと調べ物をし、答えを用意した。

会社財産と個人財産を切り離すこと、3代目になったときに親族に拡散した株式を買い戻すこと、4代目への相続時に兄弟間の不公平感が生じないように準備をすること。これらを提案すると、その経営者は評価してくれ、契約を頂くことができた。

つまり、①クライアントの抱えている問題を正確に理解すること、②クライアント特有のニーズについて事前の調査研究を怠らず、正確なアドバイスを提供すること。これら2つが大切だ。

どちらがより大切か。多くの人は②だと思うだろう。

ところが、正解は①だ。実は、クライアントのニーズを正確に理解できないことでつまずく人が多い。なぜそうなるかと言えば、理由は思い込みである。

話を客観的に聞くことができず、自分の考えている問題に引き寄せてしまうから、誤解が生じる。ニーズを誤解しているままで、正しい答えを出せるわけがない。

だから、まずは相手の言っていることを虚心坦懐に受け取ることに集中する。わからない点は教えてもらう。決して、自分の考えを押し付けない。それができて初めて、正確なアドバイスを提供することも可能になる。

第二は、自分の経験、スキルの価値を知っていること。

人にマネのできない特殊な経験、スキルを持っていること——こう書くと、皆「自分にはそんなものはない」と思ってしまう。ところが、そうではない。**誰でも、人にマネのできない経験やスキルは持っているのだ。**

でも、それを自分で意識している人は少ない。何が他人にとって価値のある経験やスキルなのかがわからないからだ。自分では当たり前、恥ずかしいと思っていることが、実は他人にとっては貴重なものだったりするのである。

自分にしかないもの、他人は経験していないもの、他人は身に付けていないものを認識することが大切だ。

他人に「あなたはどんな経験をしているのですか」と聞かれて、「いえ、特に言うほどのことはありません」という答えでは、話にならない。相手に「ああ、こいつ何も持っていないな」と見切られて終わりである。

「私は、こんな目に遭ったことがあるんですよ。あのときは、◯◯という理由で失敗した」と言えてこそ、初めてクライアントの興味を引き、信頼を勝ち得ることができる。

ところが、多くの人は謙遜ばかりしていて、自分の経験はたいしたことがないと思っている。他人から見たら、あなたしか経験していない貴重な経験なのに……。

そこで必要になるのが、自分の経験とスキルの棚卸しだ。自分でこれまでどういう経験をしてきたか、自分はどんなことができるかをすべて書き出してみる。そして、それを他人に話してみる。すると、何が他人に受けるのか、何が受けないのかがわかってくる。

これがわかればシメたもの。受けるものを自分の経験、スキルとして他人にアピールしていけばよい。それこそが、他人が認める価値ある経験なのだから。

私の場合、弁護士を開業したとき、何をアピールしようかと悩んだ。54歳にして弁護士開業はいいが、弁護士としての経験の少なさがハンデになると思っていた。

でも、自分の経験を偽ることはできないので、正直に「弁護士を開業したてです。これまで30年、サラリーマンをやり、銀行、外資系経営コンサルタントや外資系データベース会社の日本法人の社長を務めてきました」と訴えてみた。

すると、意外にこれが受ける。弁護士というと法律しか知らない堅物ばかりで、世間の常識が通用しないと思っている人が多いから、サラリーマンを30年もやってきた後で、弁護士になったというキャリア、それも銀行業務を知り、外資系経営コンサルティング会社でもまれ、さらに実際に社長の仕事の経験があるということが受けたのだ。弁護士としての経験の少なさを恥じていた自分が嘘のようである。

これで何が受けるかがわかった私は、さらにバージョン・アップを図り、「三菱東京UFJ銀行で融資を行い、野村アセットマネジメントで資産運用業を経験してきました」と、アピールポイントを具体的に付け加えてみた。

すると、これが、いっそう受けるようになった。こうして金融も経営もわかる弁護士という自分のブランドができた。

そんなものである。だから、自分の経験を恥じる必要はない。

第三は、第二のポイントに通じるが、自分の経験やスキルをうまくプレゼンできること。**いくら経験やスキルを持っていても、それが相手に伝わらなければ、価値はゼロ。うまく相手に伝えることができてこそ、自分の経験とスキルが活きてくる。**

プレゼンテーションを学ぶには、試行錯誤を繰り返すこと。何度もやってみて、初めて効果的なプレゼンの仕方がわかるのだ。これがまさに、私が自分のサラリーマン経験をどう語るかを学んできた方法である。

ただし、プレゼンの失敗から学ぶには、自分を客観的に見る目がないとダメだ。よくあるパターン、最悪のパターンは、自己紹介で長々としゃべる人。1分でプレゼンしてくださいと言われているのに、3分も平気でしゃべる人だ。

自己満足に陥って、長々と自分のことをしゃべる。自分の経験を全部しゃべらないと損だという意識を持ち、すべてを語り尽くすことに全力を傾ける。

周りを見ると誰も聞いていないのに、それに気が付かない。私のように時間に厳しい人なら、時間を超過して勝手にしゃべりまくっただけで、もう落第点を付けている。そうでない人でも、長々としゃべられるとポイントがわからなくなるから、結局、効果はゼロだ。

自分では自分のことを十分にアピールしたつもりが、落第点を付けられたり、全く覚えてもらえなかったりという惨憺たる結果になっている。

こんなことにならないように、いかにして自分の経験、スキルを短時間でアピールするかを研究することが必要だ。プレゼンをするたびに、言い方を変えたり、身振りを交えたりして、それが相手にどう受けとられているのかを注意深く観察する。

うまくいったところは次も使うが、ダメだったところは次のプレゼンでは変えていく。こうして、自分のプレゼンをどんどんブラッシュアップしていけば、最後にはインプレッシブなプレゼンができあがってくる。

まとめ

食える経験とスキルは3つ

1. クライアントのニーズを正確に把握できること

2. 自分の経験とスキルの価値をよく理解していること

3. 自分の経験とスキルをうまくプレゼンできること

そして、生き残るための勉強とは？

45歳で会社人生のターニングポイントを迎えるあなたが、70歳まで現役生活を続け、5億円を稼ぎたいのなら、これまで考えていたのとは全く違う勉強が必要なことはわかってもらえたものと思う。

資格を取る道もある。でも、対象を間違えると「食えない資格」を取ってしまうことになる。「食える資格」を目指すのなら、いかに短期間で資格を取得するかを考える必要がある。そして、資格を取ったのなら、次にその資格をどう活かすか、どう仕事に結び付けるのかを考える。

資格など飛ばして、一気に自分の経験、スキルを使って、自分の仕事を始める方法だってある。この場合は、自分の経験、スキルを相手にうまくアピールすることが必要になる。

これらを実現していくための準備が、「45歳から5億円を稼ぐ勉強法」である。

「45歳からの勉強法」が「18歳までの勉強法」と根本的に違うのは、70歳まで現役を続け、5億円を稼ぎ出すという結果がすべてだということ。勉強の成果としてのテストの点や資格の取得が最終目的ではない。

立派な資格を取って、○○先生になったはいいが、稼げないのなら何の意味もない。何の資格もない○○先生ではなく、ただの○○さんでも、仕事に結び付き、5億円を稼げるのなら100点満点だ。

だから、「45歳からの勉強法」は徹底した功利主義。仕事をやるのに必要な知識を最低限身に付けたら、それを実践で使っていく。場合によっては、知識がなくても、仕事を取ってきて走りながら学ぶ。それでいいのだ。

こういう考え方に脱皮できたら、勉強するといっても、気分はかなり楽になる。中学や高校のときの詰め込み式勉強をする必要はない。あなたが、いつも仕事で取り組んでいるのと同じ方法で、必要な知識を集めては使うという作業を繰り返すだけでいい。

結果を出さなければいけないのだから、実は厳しいことなのだが、会社人生を20年以上送ってきたあなたなら、きっと簡単にできるに違いない。

まとめ

45歳からなぜ勉強するのか

⬅

目的は70歳まで現役を続けるため

⬅

5億円を稼ぐという結果を出すことが第一

⬅

そのために必要な知識だけを身に付ける

⬅

結果に直結する功利主義的勉強法を心がけろ

第2章

45歳から5億円を稼ぐために

「45歳からの勉強法」で、一番大切なのは何を勉強するか。

どう勉強するかよりも、何を勉強するかが重要だ。

勉強する対象を間違えると、完全にやり切って目標を達成したとしても、それが70歳まで現役、5億円を稼ぐという成果に直結しない。

勉強する対象を間違えると、「これが役に立つのかな」という感覚のまま勉強し続けることになるから、結局、途中でやめてしまうことも多い。

本章では、3つのパターン別に何を勉強するかを考えていこう。

取締役就任モデル

大手の会社に勤めていて、そこで取締役、執行役員へとたどり着くことができれば、45歳から5億円は可能だ。

取締役、執行役員になれば、年収は2000万円を超え、さらに常務や専務になれば年収はウナギのぼり。その上、取締役や執行役員を退くときには、莫大な退職金も出る。

そして、本社の取締役、執行役員を辞めた後には、子会社の取締役や執行役員のポストが待っている。これを65歳まで続けることができて、そこでも退職金を取ることができれば、もう5億円を超えてくるはずだ。

問題は、どうやってこの世界に到達するか、である。

あなたが部長になっているとしても、それで取締役や執行役員の地位が保証されたわけではない。候補者の一人に選ばれているというだけだ。

候補者の中から、最終的に取締役、執行役員に選ばれるためには、部長としてある程度実績を残さなければダメだ。ここで、「ある程度」と言ったのには意味がある。

私の知っている人の中で、実績を上げようと張り切り過ぎて、大失敗してしまった人の例を知っているからだ。張り切り過ぎれば、無理をする。無理をすれば、リスクを取ることになる。当たればすごい結果が出るが、当たらなければ大きな失敗につながる。そして、何より怖いのが、社内の反感。上司の反感だ。

そもそも、あなたが取締役や執行役員の最終候補者の一人に残っている理由を考えてみよう。決して、実績がピカ一だったからではないはずだ。

確かに実績は上位に位置していたが、それよりも組織内で「あいつなら任せられる」、「あいつはバランスが取れている」という定評ができていたからではないか。

取締役や執行役員は、経営者の一員になるかどうかの選抜だから、会社としては大きなリスクを取ったり、無理をしたりする人、他の部署とうまくやっていけない人、部下から人望のない人は避ける。経営陣という仲間内に入れるかどうかを選ぶのだから、バランスの取れた判断をする人、協調性のある人、安定感のある人を選ぶ。誰が見てもなるほどと思われる人でなければダメだ。

私は若いころ、自分自身の仕事の成果を出せば、上司から認めてもらえるのだろうと考えていた。自分一人でちょっとマシな稟議書を書いたり、少し利益を出したりして喜んでいたが、それは上司から見たらたいしたことではない。

上司は、もっと協調性を持ち、同僚とチームを組んで仕事を進めていけるような人を求めているのである。若いころの私は、組織人としては失格だった。

また、張り切り過ぎて、仲間から突出しようとする人もダメ。「あと少しで、憧れの取締役、執行役員」と思っただけで、もう肩肘に力が入り、頑張り過ぎてしまう。だから、逆に目いっぱい力を抜くつもりで、平常心で仕事に臨んだほうがよい。

意識すべきは、大物感を出すこと。上司の取締役や常務を見習って、どっしりと構える術を身に付けること。どんな問題でも一応の対応ができ、部下を立て、組織をうまく使い、他の部署との協調を心がけること。

こうしてこそ、社長は、あなたのことを「あいつもだいぶ成長したな」と見てくれるのである。

とすると、何を勉強したらよいのだろうか。

それは何にでも対応できるように、ビジネス情報を広く仕入れておくこと、また、経営者らしい意見が言えるように、戦略的思考法を身に付けておくことだ。

これまで研究開発一筋でやってきた人、営業一筋でやってきた人は、経営戦略や経理や営業の知識を身に付けておく。人事や経理一筋でやってきた人は、研究開発や営業についての勉強をする。

また、グローバル化の世の中だから、英語を勉強しておくことも必要になるだろう。

そのために何をするかが問題となるが、まずは新聞やビジネス誌に広く目を通し、情報通になっておくべきだ。

そんなことはやっていると思う人が多いと思うが、大企業の部長クラスでも、この基本動作ができていない人が多い。最近の経済環境やビジネスの世界で起きていることを知らない人が多いのだ。

45歳の部長クラスの人ともなると、ビジネスや経済のことなど、すべてわかった気でいる人が多い。だんだん、新聞の読み方も見出しだけになり、本文を読まなくなる。

ビジネス誌だって、若いころは自分で買って目新しいことを勉強していたのに、買うことすらしなくなる。代わりに、ゴルフ雑誌を読んだり、週刊誌を読んだり、ということになってしまう。

こうして毎日の情報のインプットを怠っていると、次第にあなたも世相に疎い人になってくる。これが、ちょっとした雑談のときなどに現れるのだ。

取引先を訪問して雑談をしているとき、最近の経済状況について聞かれても、すぐに反応できない。答えられないから、ごまかす。こうした対応が何回も続くと、相手も「この人はあまり今の経済状況について詳しくないな」、「この人はあまり勉強していないな」と思われるようになる。

第二に勉強すべきは、ビジネスの基礎的知識だ。経営戦略の考え方、組織人事論、会計や税務の仕組み、経営者として知っておくべき法律知識である。自分で知識が不足しているところがあると思えば、それを補っておく。

ただ、その理論的背景まで知る必要はない。その使い方を学んでおくだけでよい。社長から、いきなり新規事業の企画を立てろと言われたときに困らないように、準備しておくのである。

もし難しい問題に直面したら、自分で処理できるか、専門家に頼まなければならないのかを素早く判断できるようにしておけば十分である。

こうしたビジネス知識を書いた本は、本屋のビジネススキル・コーナーに行けば、何冊も置いてある。わかりやすい本を探して、それを買って、家で勉強する。ただ漫然と読んでいても知識として身に付かないから、自分の経験した問題に当てはめて考える。また、日常で疑問を感じたことを思い出し、それについて調べ、理解するという方式で少しずつ、使える知識を地道に身に付けていくのがいいだろう。

第三に、これからの25年を見据えるなら英語。TPPもあり、グローバル化がさらに進むことは確実だから、ビジネス英語を身に付けておくことは必須である。

これは言うは易く、行うは難し。語学を身に付けるには、時間がかかる。毎日の努力が必要である。少しずつでいいから、英語の文章を読み、英語の番組を聞く。今はインターネットで簡単に海外新聞のニュースを見ることができるし、NHKのニュースを英語で聞くこともできるから、「読む」、「聞く」の練習は簡単にできる。

問題は「話す」の練習で、これについては、土日に英会話学校に通う、自分一人で英語のスピーチをしてみる、ぐらいしか学びようがない。英会話学校はお金のかかる話だが、将来への投資と思って、身銭を切ったほうがよいだろう。

第四に、新しい知識を身に付けること。

今45歳ぐらいの人ならこんなことはないと思うが、私の年代（55歳）には、インターネットやパソコンの使い方がよくわからないという人が結構いる。スマートフォンも使えない、パワーポイントも作れない。これでは、現代ビジネス社会では、ハンディキャップを負っているのと同じである。

私と同世代の人は、インターネットが本格的に広まり出した10～15年前には、すでに課長になっていた。だから、パソコンでの書類作りは部下に任せ、パソコンに触らずにやってきたという人もいる。その結果、〝浦島太郎〟になってしまったというわけである。

私にも、〝浦島太郎〟になった苦い思い出がある。それは最初にコンサルティング会社に入ったときのことだ。

私はMBAを取っていたので、アソシエイトというタイトル（肩書き）で入った。コンサルティング・チームを作ると、大学卒で入ったリサーチ・アソシエイトというタイトルの社員がいて、データの分析やグラフ作りの定量的作業をやってくれる。当時のパソコンは使い勝手が悪く、こうした分析作業をするためには、パソコンへの習熟がかなり必要だったから、大変な作業だった。

私は、「データの分析やグラフ書きは、彼らに任せておけばいいんだ」と考えて、パソコンをほとんど利用しないで済ませた。もっぱら、分析結果をもとにレポートを書いたり、クライアントや競合会社の人をインタビューして、そこから情報を引き出す定性的な仕事をしていた。

25年後の今振り返ってみると、出来の悪い上司である。部下のやることが自分ではできないのだから、上司失格だ。こんな風に仕事をしていたから、結局パソコンの使い方が習得できず、〝浦島太郎〟状態になってしまった。

そんな状態のまま転職をした先が、日本の会社だった。そこには、リサーチ・アソシエイトのような分析能力に優れた人はいない。そこで、何か分析をしたいときには、自分でやらざるを得なくなった。

周りの人に聞いたり、自分で試行錯誤を重ねて、ようやくデータの分析やグラフ作成等の定量的分析手法を習得した。

前から自分で取り組んでいれば手間取ることはなかったのに……。このときはもちろん、なんでコンサルティング会社にいたときに、自分で定量分析をやっておかなかったのだろうと大いに後悔した。

最近、世の中の動きは早いから、今後も続々と新しい技術、新しい知識が出てくることは間違いない。そうしたとき、「広まるかどうかわからないから、様子を見ておこう」と考えるのではなく、できるだけ新しいものに自分から飛びついていく姿勢が大切だ。

そうしないと今後の25年間で、あなたも時流に遅れた人になってしまう可能性が高い。お互いに気を付けていこう。

まとめ

取締役就任モデルで〝大物感〟を出すために勉強すべきこと

1. 戦略的思考法
2. 幅広いビジネス知識
3. ビジネスができる程度の英語力
4. 新しいことに前向きに取り組むこと

資格取得モデル

これについては第1章でも述べたが、資格を取っただけでは、5億円の世界は見えてこない。資格を取れば、2億～3億円の世界、つまり、**年収1000万円、70歳まで現役という世界に到達するのは容易になるが、何らかの差別化の軸を付け加えない限り、倍の年収2000万円、70歳まで現役の5億円の世界への到達は不可能である。**

たとえば、私がやっている弁護士の場合。ロースクールができ、毎年2000人の合格者が誕生するようになってからは、1700～1800人の弁護士が毎年新たにマーケットに参入してくるようになった。

10年ほど前なら弁護士の総数は2万人程度だったから、その1割近い人が毎年増えている計算だ。この結果、需給環境が崩れたのは必然。人口が減り、経済が低迷している状況で、弁護士の数だけが増えたのだから、弁護士受難の時代となった。

新聞等で報道されるように、新規登録弁護士は就職難である。なんとか雇ってもらっても年収300万台の弁護士がいるらしい。

それでも、この世界に入ってみると、いいクライアントを持ち、高額の年収を稼いでいる弁護士もたくさんいる。

その差別化の軸には、いろいろなものがある。

昔から大手企業に高度なサービスを提供してきたことが評価され、大手企業の顧問先を多数持っている弁護士。地域密着型で、地元の中小企業、個人をしっかりと押さえている弁護士。破産専門で、いわゆる倒産村の一員として頑張っている弁護士。

私は54歳にして弁護士として独立するにあたり、どうしたかと言えば、自分のキャリアを売りにして差別化することを考えた。

直前まで勤めていた事業再生コンサルティング会社での経験のほか、銀行や資産運用会社に勤め、デリバティブ取引等の新しい金融取引に通暁している点も売り込んだ。そして、外資系データベース会社の社長として、自ら経営を経験してきたことも売り込んだ。

お蔭様で、このセールストークがお客様に受け、かなりの数の仕事が舞い込んでくる。2

年目で年収３０００万円を超えた。70歳まで現役、５億円の収入も達成できそうな感じである。

税理士の世界を見ても、やはり差別化が鍵になっている。

中小企業の顧問先に会計処理サービスを提供するだけでは、記帳代行会社や市販会計ソフトとの戦いになってしまい、いい商売がとれない。

華々しくやっているのは、相続・事業承継がらみの資産税に絞り込んだ税理士や税理士法人。金融機関とのネットワークを張り巡らし、富裕層の顧客を安定的に取り込み、数十人、あるいは１００人規模の大所帯となっている税理士事務所だ。

ただ、次に紹介する起業モデルと比べれば、資格モデルは実行しやすい。国家資格が信頼感を作り出してくれるので、クライアントにいちいち「ウチの会社は○○という会社で、○○という仕事をやっています」と説明しなくても済む。

「弁護士です」、「税理士です」と言えば、あとは相手がどんな仕事か自然とわかってくれる。つまり、資格が信頼感を生み出し、これに自分自身の差別化の軸を付け加えることができれば、５億円への道が見えてくる。

つまり、資格の上にプラス・アルファが必要だということだ。

では、プラス・アルファとは何だろうか。


第一に、弁護士として、税理士としての専門分野の確立である。

この場合の専門分野とは、弁護士なら相続とか金融取引、税理士なら資産税とか国際税務というものである。**そういう道の専門家になる場合、特定の法律や税法分野での知識はもちろん必要だが、それよりも重要なのは、その分野での実務、関連分野の知識である。**

何かの問題の相談を受ける場合、まず、どういう問題が起きたのかを正確に理解できないと対応のしようがない。クライアントの説明は、曖昧だったり、間違いを含んでいることが多いので、問題の背景まで理解していないと、問題の本質がわかってこない。

また、クライアントは、弁護士には法律的問題を相談し、税理士には税務的問題を相談し、その答えを自分で総合して答えを出そうなどとは考えていない。ワンストップで答えをもらいたいと考えている。

だから、クライアントは、法律的に○○という解決策があったとして、それは税務的に見るとどういうことなのか、ビジネス上のリスクを小さくできる道はないのか等々を聞いてくる。こうした質問に的確に答えられてこそ、専門家と言えるのである。

弁護士も年を取ってくると、調査を行い、書面を作成する作業を、若いアソシエイト弁護士に任せて、自分ではやらないという人がいるが、これはヤバい。私のコンサルティング会社でのアソシエイト時代と同じことになる。

こんなことをやっていると、現場からどんどん遠ざかってしまう。現場でどういう問題が起こり、クライアントがどういう問題意識を持っているかがわからなくなってしまうのである。そして、自分のスキル、ノウハウが退化していく。できるだけ現場に自ら出ていって、専門知識の習得に励むことが、ボケない秘訣である。

第二のプラス・アルファは、営業のやり方、人脈の作り方だ。

資格を持っていて、それだけで商売になったのは大昔。今では、どの資格者も供給過剰状態になっていて、売り上げは営業努力の成果で決まると言っても過言ではない。

ところが、60代、70代の先生方は、古き良き時代にどっぷり首までつかっていて、とても今から営業しようという発想がない。市場が厳しくなったのに、昔ながらの紹介頼みである。その結果、商売はどんどん細っている。

私が弁護士として独立しようと思って、まず考えたのは、自分のクライアント層。それまでは、世界的な事業再生コンサルティング会社にいたので、当然、クライアントは世界的な大企業だった。

しかし、弁護士として独立して、いきなりそんな会社が使ってくれるはずもない。現実的には、中小企業を地道に開拓していくしかないと考えた。

そこで、まず東京商工会議所に入会した。その異業種交流会等に頻繁に顔を出すようにして、徐々に中小企業とのネットワークを築いていった。また、そこで知り合った他の士業、コンサルタント等の方たちとも人脈を築いていった。

もうひとつ心がけたのは、これまでに培ってきた人脈のメンテナンスだ。銀行のOB会、あるいは以前勤めていた会社の人に会ったりして、人脈を温めた。

しょせん弁護士の仕事は、何か問題に巻き込まれた人しか頼んでこないもの。あらかじめ「この人から必ず仕事が来る」と予測することはできない。その意味で、網を広げて、何か起こるのを待つのが、唯一のクライアント獲得法である。

では、このプラス・アルファのためにどんな勉強が必要になるのか。

今紹介した私の例は、成功例のひとつにすぎず、もっと他のやり方で成功している人がたくさんいる。**まず、そういう人に会って、どういう営業手法、人脈構築法を取っているのかを教えてもらうことが一番の勉強だ。**

できれば、そういう人が相手とどういう付き合いをしているのかを見せてもらい、次へつなげる会話の仕方、相手との付き合い方も教えてもらうとより効果的だ。

時間を惜しまず、さまざまな人に会ってみること。そして、恥ずかしがらずに、何でも教えてもらうこと。これが肝心だ。

第三に、信頼感を築くことがプラス・アルファになる。

営業はプッシュだけではダメで、やはりプルもうまくやらないと効果が出ない。プルとは、いわば「相手をひきつける何かを持つこと」だが、そのためにはいろいろな方法がある。

私が独立前から力を入れてやったのは、出版活動だった。これは、司法研修所に行って、事業再生コンサルティング会社に戻ったときから始めた。将来、弁護士として独立するなら、本ぐらい出して名前を売っておいたほうがよいと思ったからだ。

他に講演活動も有効な手段だ。これも自分の名前を広め、顧客からの信頼感を高めることにつながる。

私の知り合いの会計士の方は、東京商工会議所で頻繁に講師の仕事をしている。東京商工会議所のセミナーは集客力が高く、そこには多数の中小企業の社長さんが出席するから、クライアントの獲得手段としては極めて有効である。東京商工会議所や他の団体の会で講演をすることは、信頼度の向上にもつながるので、有効な方法だと思う。

そのために何を勉強するかだが、それはこの項の最初で述べた「専門分野の強化」と、2番目に述べた「営業力の強化と人脈構築」の相乗効果で生まれてくる。

自分にしか書けない分野、しゃべれない分野を作る。その一方で、さまざまな団体の人との人脈を構築する。この両方ができて初めて、こうした講演依頼も舞い込んでくる。

それと、もうひとつ大事なのは、リピートにつながるためのスピーチ能力。こうした講演は、大体がアンケートをしっかり取っていて、評判が悪いとリピートは来ない。リピートが来ないということは、他の団体への紹介もない。

これでは、講演をせっかくやっても、一回こっきりの講演で終わってしまい、全く発展性がないというわけだ。

だから、厳しい批評に耐えうるスピーチ能力も重要だ。

まとめ

資格取得モデルで勉強すべきこと

1. 専門分野の確立
2. 営業のやり方、人脈構築の仕方の習得
3. 信頼感を築くため「相手を引きつける何か」を持つこと

起業モデル

3つのモデルの中では、当然これが一番難しい。

取締役モデルのように、自分のこれまでの25年のキャリアをそのまま活かせるものではないし、資格モデルのように、国家資格という信頼を活用することもできない。新しく会社、事業を始めるのだから、まさに一からのスタートであり、ハードルは高い。

少しでもハードルを低くするため、起業モデルでいく場合も、それまでの自分のキャリアを最大限活かせるような方法を取るべきだ。

昔なら、のれん分けというモデルがあった。コックをやってきた人が、のれんを分けてもらって自分の店を出すというモデルだ。今なら、どこかのシステム会社でSEをやってきた人が、自分のスキルを活かしてシステム会社を立ち上げる。不動産仲介会社に勤めてきた人が、自分の不動産仲介会社を立ち上げるというのが、このモデルだ。

前の会社、前の組織でやってきたこととはいえ、会社の看板がなくなるのだから、信頼感はない。お客を前の会社から持ってくるのはご法度だ。かなりのハンデを負ってのスタートであることを肝に銘じておくべきである。

第一に直面する困難は、なんといっても信頼感のなさである。

これをどうやって補うかが、最大の問題だ。

自分の過去の実績をアピールすることが一番よく取られる手法だが、あまりやり過ぎると経歴詐称などの問題になってしまうので注意しなければいけない。

第二には、クライアントの獲得方法だ。

クライアントを獲得するために、自分のお友達ネットワークを使えと、安易に考える人もいる。

第1章で紹介したが、外資系インベストメント・バンクに勤めてきた人が、お友達をヘッドハントするヘッドハンティング会社を立ち上げるのが、その例である。もっと身近な例なら、生保のおばさんが親戚に保険を売るモデルだ。

しかし、友達のヘッドハンティングや親戚への保険販売ができたとしても、友達や親戚からは「なんだあいつは」と思われてしまう。うまくいかないでごり押しすれば、友達や親戚とのトラブルを抱え込むことになる。

その上、2、3年もすると、間違いなく〝玉〟が枯渇する。友達と親戚を使いきってしまうのである。

昨今、外資系生保は男性セールスマンの育成に躍起になっている。友達や親戚以外の中小企業の社長さん等の富裕層を開拓してくれることを期待しているのである。しかし、彼らも結局、生保のおばさんと同じことになり、2、3年すると辞めていくのが通例となっているらしい。

第三に直面する問題は、事業モデルの不安定さである。

45歳からの起業は、どうしてもニッチ・マーケットを狙ってのビジネス展開になる。安定的に市場のあるところなら、既に大手企業が地盤を持っているから、新たに生まれてきた市場、誰も目を付けていない市場に焦点を当てていくしかない。

しかし、残念ながらこうした市場が大きくなれば、他の誰かが参入してくる。逆に、こうした市場はすぐ消え去ってしまうこともある。

だから、起業をしても、次から次へと事業モデルをレベルアップしていかないと、あるいは、事業モデル自体を組み替えていかないと、商売がなくなってしまう。

つまり、顧客開拓、事業モデル双方を継続的にレベルアップし、事業の継続性を保つことが大きな課題となる。

では、こうした3つの問題を克服するためには何を勉強していけばよいのか。

第一に、自分を差別化する軸を徹底的に磨き上げることである。これは、独立前に手に入れるしかないので、会社に勤めているときから自分の軸を突き詰めて考え、技術や知識、経験を身に付け、差別化に磨きをかけておく。

この差別化の軸は、独立時点で確立しておかなければならない。独立してから差別化の軸を考えるのでは、ビジネスが立ち上がるまで、かなりの時間がかかってしまう。場合によっては、資金が枯渇してしまうこともある。

会社にいるときはできたことが、独立するとできなくなって、差別化の軸を築き上げるための経験ができなくなってしまう。

会社勤めをしているときは、会社の看板で大きな会社とも付き合っているから、最先端の経験を積むことができる。ところが、独立してしまうと、中小企業としか付き合えなくなるから、なかなかそうした経験を積むことができなくなってしまうのである。

だから、会社勤めをしている間に精一杯勉強をしておくべきなのである。

たとえば、中小企業の海外進出支援をするコンサルタントとして独立するつもりなら、会社に勤めている間に、ターゲットとする国の法制度、税制、労働慣行等々についての知識を深めておく。いろいろな国への進出をサポートして、経験を積んでおく。システム開発をやっている人は、いつも最新のテクノロジーの動きについて勉強し、それを応用できるように自らのスキルを高めておかなければならない。

第二に、独立後は、自分のビジネスに影響する経営環境の変化をタイムリーにつかまなければならない。それができないと、すぐに自分という零細企業が躓《つまず》いてしまう。

そのためには、本を読むよりも、多くの人に会って、face to faceでしか得られない生の情報をいかに素早くつかむかが課題となる。

つまり、情報収集力を磨くことが必要である。

第三に、そうした情報をつかんだら、それをいかに自分のビジネスに活かしていくかを考え、戦略的に行動を起こしていく。

自分の頭で情報を分析して、それが自分のビジネスにどういう影響を与えるかを必死で考え、タイムリーにビジネスを変革していくことが必要になる。

そのためには、何と言っても、自分の頭で考える力が必要になる。第3章で説明する〝自頭力〟を養っておくことが必要になる。**他人の意見に頼るのではなく、自分の頭で考え抜く力を身に付けておくことが勉強の対象になるのである。**

第四に、何の信用もない世界からビジネスを立ち上げていくには、かなり強力な営業力と人脈構築力が要請される。そのためには、人との付き合い方、自分の能力のプレゼンの仕方を学ぶことが必要になる。

そして、最後に、こうした苦しい環境からビジネスを立ち上げていくためには、打たれ強い精神を作り上げることも大切だ。いつも前向きに仕事に臨み、うまくいかなくても、とにかく人に会い、人脈を開拓していく心の強さを築いておくことが重要である。

このように、取締役モデル、資格取得モデルと共通点は多いが、何もないところからのスタートである点で、このモデルを取る人は大きなハンデを負っている。

まとめ

起業モデルで勉強すべきこと

1. 差別化の軸の磨きあげ
2. 情報収集力のアップ
3. 戦略構築と実行力
4. 営業力と人脈構築力
5. 打たれ強い精神

第3章

70歳まで現役を続けるための5つの発想転換

前章までで、どんな人生モデルを選ぶかによって、何をターゲットに勉強していけばよいかはわかったと思う。でも本当に勉強しただけで、5億円を稼げるのか。

それは違うだろう。

勉強をする前に、自分の持っている考え方、45歳までに培った「常識」を変えておかないと、45歳からの人生はうまくいかない。

1

自己完結力を備える

45歳は、第一の会社人生を終え、第二の会社人生へ向けての出発点。そこでは、会社という看板が外されて裸の自分で勝負していかなければならなくなる。

これは、多くのサラリーマンにとっては驚天動地の出来事である。出向させられれば、それまでは名の通った○○会社の××さんだったのが、無名の会社の××さんになる。

往生際の悪い人たちは、それでも「元○○会社の××です」などと言っているが、もう会社の看板はない。名刺もない。あるのは、再就職した会社の名刺、個人で起業したなら自分で作った会社の名刺である。

新しい職場で自分の居場所を見つけ、新しい仕事で結果を出すための道を、自分の力だけで切り開いていかなければならない。もう、会社は支えてくれないのだ。

つまり、これまで会社の中では、会社という大きな傘の下、多くの人と手分けしてやって

きたことをすべて自分一人でやらないといけなくなる。これまでは会社の悪口、上司の悪口を言って憂さを晴らしてきたが、これからはその言葉がすべて自分に戻ってくる。

個人商店というからには、そこには商品開発も製造も営業も経理も経営もある。それをすべて一人でこなしてこそ、初めて個人商店が成り立つ。

今までのように、部下がプレゼン資料を作ってくれることはない。出張に行くにも自分で切符を手配しなければならない。プレゼンの資料作りが間に合わないのも、新幹線の指定席が取れていないのも、すべてあなた一人の責任だ。

これは、45歳を超えて、今まで会社の中で「課長ならできる」、「部長ならできる」と思っていた人には大変なことだ。

いざプレゼン資料を作ろうとすると、パワーポイントの使い方がわからないから、1ページも作れない。新幹線の指定席を取ろうと思っても、駅に行って予約をする時間がない。複式簿記を付けようと思っても、会計ソフトの使い方がわからない。さあ、明日からどうやって生きていくのか。

つまり、何でも一通り自分でこなす力が求められる。それが自己完結力である。

イヤ、その前に自己完結マインドが必要だ。すべて自分でやるという意識。他人に頼らず、自分で何でもやっていこうという意識を持たないと何事も前に進まない。

「それは若い奴に任せておこう」、「あれは女の子に頼もう」と思っても、その頼む相手がいないのだから、自分で全部やるしかない。

最初は面倒くさいと思うかもしれないが、全部自分でやることには大きなメリットがある。会社丸抱えのサラリーマン生活で何十年もやってこなかったことが、再びわかるようになる。他人任せで、自分ではやってこなかったことを学ぶことができる。帳簿の付け方もわかるようになるし、パワーポイントの操作法もわかるようになる。

私自身も、弁護士を開業して初めて弥生会計という会計システムを買い、自分の青色申告をしてみた。システムの使い方を学ぶまで結構時間がかかったが、「こうやって中小企業も経理処理、税務申告をしているのだ」ということがわかった。

最初から税理士を雇って任せるという選択肢もあったが、自分でとりあえずやってみて、青色申告の仕組みが理解できたので、よかったと思う。

こうして、何にでも取り組んでいけば、ちょっと古くなっていた自分の知識がリセットされたり、新しい知識を身に付けたりできるようになる。

こうして、70歳まで現役を続けるための素地が作られるのだ。

まとめ

45歳からの人生では自分をサポートしてくれる人がいなくなる

⬅

営業も経理も企画も全部自分でやらなければならなくなる

⬅

そのためには自己完結マインドを持て

⬅

そして何事にも前向きに取り組め

2

自頭力を鍛える

次に必要なのは、自頭力である。つまり、自分の頭で考える力だ。

世の中を見ていると、とかく他人の意見を気にする人が多い。自分の頭で考えず、できれば他人が考えた結果をそのままパクろうという人たちだ。

でも、ビジネスで生じてくるたいていの問題は、そんな安易な方法では答えが見つからない。どこかの誰かが考えたのと、全く同じケースに出くわすことはないのである。似ていても、少し違っている。現実とはそういうものだ。

参考にできる他人の意見が見つかったとしても、それをこのケースに当てはめ、修正するのはあなたの仕事だ。だから、あなたは給料がもらえている。45歳からの人生では、だからあなたは稼ぐことができる。

もし、先例を探すだけで答えが見つかるなら、これだけインターネットが普及し、先例を探すことが容易になった世の中で、クライアントがあなたを雇って報酬を払う意味などない。

そこで、どうやったら自頭を鍛えることができるかが問題となる。


その答えは簡単。資料や情報を最小限だけ集めて、あとは自分の頭だけで考える習慣を身に付けることだ。


たとえば、ある会社との商談をまとめることを考えるとする。

まず、相手の会社のニーズを理解する。次に、競合相手がいないか、どういう提案をしているかを調べる。

このとき、多くの人が陥るのが「わかるまで調べる症候群」。相手の会社のニーズがどこにあるかわからないから、何度も話を聞きに行く。競合相手がどういう提案をしているかわからないから、競合会社のことをよく知っている人と会って話を聞く。

こうしている間に、どんどん時間がたっていく。さらに、いろいろな人に会うと、それまでとは異なる情報が出てくる。いったんはわかったと思っていた相手のニーズ、競合相手の提案がどんどんわからなくなる。そして、さらに調べる。ますます、混乱する。

悪魔のサイクルに陥るのである。

私も、実は、コンサルタントになりたてのころはこういう過ちを何度も犯した。何人インタビューしても、いろいろな情報が出てきて、結論が見えてこない。相手の言うことを素直に聞いてしまい、それをすべて真実と思ってしまうから混乱してしまっていたのだ。

悪魔のサイクルを避ける方法はひとつしかない。少ない情報をもとに、自分の頭で考えることだ。自分が理解している相手の会社の状況を分析し、相手が言ったことを考え直してみる。そして、自分なりの仮説を作る。

相手の会社の経営状況が厳しそうなら、性能の高い商品を売り込むより、値段の安い商品を売り込む。納期を気にしているようなら、在庫を持っている商品を売り込む。

次に、競合会社がどんな提案をしているか、相手の会社から情報を引き出す。相手の会社の人もそう簡単には答えてくれないから、言葉の端々から想像する。だが、しょせん値段がポイントである場合が多いだろう。もちろん、機器の性能やサービスの質が全く異なるということもないわけではないが……。

競合の値段を探り出すことは難しいが、「競合会社はいくらの値段を出してきていますか」と聞いてみて、そのときの相手の表情から判断するしかない。

ちょっと話は脱線するが、私は、世の中には何事にも自分の意見を持っている人と持っていない人がいると思う。

そして、自分の意見を持っている人と持っていない人の違いは、事前の情報収集力の違いもあるが、それよりも仮説構築力を持っているかどうかの違いだと思っている。

では、どうやったら仮説を作り出すことができるのか。

私の場合などは、同じようなことを2つ見たら、そこから仮説を作る。そして、3つ目で検証する。

たとえば、私が弁護士として、相続・事業承継マーケットへのマーケティング戦略を立てたときのことだ。

まず、異業種交流会のような場へ行って、中小企業の社長さんに直接アプローチしてみた。ところが、やってみると、お金を持っていて、70歳以上で、事業承継を考えている社長さんにはなかなかお目にかかれない。きっと、そういう人に会えるまでには何百人にも会わないとダメだと実感した。

そうこうしているうちに経営コンサルティング業をやっている方にお目にかかり、「たまたま事業承継を考えている社長さん、知っていますよ。ご紹介しましょうか」という話が舞い込んだ。

この経営コンサルタントに会ってみると、まさに顔が広く、いろいろな人を紹介してくれそうな方だった。なるほど、こういう方とたくさん知り合いになれば、自分の探していた事業承継を考えている社長さんに会えるかもしれないと考えた。

そこで、もう一人、経営コンサルタントと親しくなってみた。すると、ここからも顧客紹介が来そうだと手応えを感じた。

こうして自分で動いてみたことで、なるほど「人から紹介してもらうといいんだ」と気が付いた。そこからは、直接最終顧客を探す方法から、最終顧客を知っていそうな人にアプローチする戦略に切り替えた。

そして、金融コンサルタント、不動産コンサルタント、金融機関と、経営者の相談を受けそうな人にチャネルを広げていった。

このように、自分でどんどん仮説を作って、仕事を進めていけばいい。少ない情報でも、そこから仮説を作って実際にやってみて、間違っていたら修正するという態度でやっていけば、自分の頭で考えるという癖が身に付いてくる。

これは癖になる。

私は、普段はあまり行かないところに仕事の関係で行くと、そこを歩いている人たちを観察することにしている。

先日も、仕事で何度か浅草に行く用事ができた。銀座線に乗って、終点の浅草駅まで行き、そこから浅草寺方面の出口を出て浅草寺の境内を歩き、目的の場所まで行くということを何回かやった。

境内を見ると外国人の観光客が多い。半分以上は外国人という感じである。「外国人観光客の誘致はうまくいっているのかな」と考え始め、そこにいる外国人の国籍を注意深く観察し始めた。といっても、ただ帰り道を歩きながらである。

よく見ると、欧米人は少なく、アジアの人が多い。中国人らしき団体もいるが、シンガポールとかタイとかインドネシアから来た様子の人も結構いる。インタビューしているわけではないので、着ているものや顔だち、立居振る舞いからの推測である。

このデータポイントひとつで、東南アジアからの観光客が増えているのではないかと仮説を立てる。

次に考えてみたのは、大手町や丸の内のような都心部でも同じような人たちがいるのだろうかという疑問である。そして、地下鉄の中にいる外国人の様子を思い出してみる。

そうすると、そう言えば、しばらく前は欧米人ばかりが目立っていたが、日本人と見分けはつきにくいけれど、日本人より浅黒い肌をしたアジア人が結構いたなと思い出す。

こうなると、もう東南アジアの観光客が増えているという仮説が自分の中で俄然真実味を帯びてくる。

最終的には、そう言えば、そういう統計がないかな、ちょっとインターネットで探してみようということになる。すると、日本経済新聞の記事を発見。帝国ホテルでは5月に外国人観光客が26%伸び、中でもアジアの観光客は5割増だと書いてある。特にタイ、インドネシア、台湾が伸びたとある。

これで自分の仮説検証終了である。

つまり、自頭を使うのは簡単なのだ。何でも、見たら、聞いたら、自分の頭で仮説を作ってみる。ちょっと無茶だなと思っても、限られたデータと自分の知識を総動員して、仮説を作ってしまえば楽勝だ。

私の家内は、よく「あなたは何でも一般化しちゃうのね」と批判するが、それぐらいでいい。日本人には、いくらデータを見ても結論を出せないタチの人が多い。これぐらい大胆に仮説を立て、自分の意見を作っていかないと、いつまでたっても、何についても、何の意見もない人になってしまう。

そもそも現代の世の中は動きが早いもの。今の真実が明日は嘘になっている。そんな世の中で慎重にデータや情報ばかり集めていては、世の中の動きから遅れていくばかりなのだ。

まとめ

他人の意見を気にしない
⬇
自分の頭で考える
⬇
2つのことを見聞きしたら、仮説を作る
⬇
3つ目を見聞きしたら、その仮説を確認する
⬇
最後はデータを調べて、自分の意見を固める

3

新しい人脈を構築する

45歳になって、会社から追い出されて別の会社でお世話になるにしろ、一人で事業を立ち上げるにしろ、自分一人で生きていくことになる。

だから、自己完結力が必要だと最初に指摘した。

その中で、一番重要なのが人脈力である。「人脈なくして顧客なし」である。

ただし、**45歳からの人脈は、45歳までの人脈とはちょっと違う。一番の誤解は、多くの人がこれまでの人脈を活かせると思っていること。それが大間違いの元である。**

私の場合、弁護士開業前は、外資系のコンサルティング会社に勤めていた。当然、クライアントは誰もが知っているような日本を代表する大手企業や世界的な会社だった。

ところが、自分で弁護士を開業してみると、そんなクライアントが自分に仕事を依頼してくるはずはない。彼らは、森・濱田松本とか、長島・大野・常松とか、西村あさひといった大手法律事務所のクライアントであり、私のように個人経営の弁護士に仕事を依頼してくるはずがない。

私はターゲットを中小企業の社長さんと決めていたので、そういう人と知り合えるように、いろいろな場に顔を出すことにした。

といっても、クライアントになってくれそうな人に、そう易々とお目にかかれるものではない。そこで、試行錯誤の末、本章の「2. 自頭力を鍛える」で述べたように、経営コンサルタント等の人脈を作ることに行きついたのである。

第二の問題は、多くの人が人脈の作り方について誤解していることである。異業種交流会のようなところに行けば、すぐに人脈ができると思っている。

そういう場に顔を出していると、突然ツカツカと寄ってきて、自己紹介し、「お客様を紹介してください」と言って去っていく人がいる。そして数日すると、勝手にメールマガジンが送られてくるようになる。無論、私は誰も紹介しないし、メールマガジンも読まない。

誰だって信頼できる人でなければ、自分の大事なクライアントを紹介したりしないものだ。当たり前のことだが、その基本をわかっていない。**クライアントを紹介してほしければ、ま**

ず私と人間関係、信頼関係を作ることが前提なのに、それを端折っていきなり結果を求めてくる。

こういう人は、異業種交流会のようなところへ行っても、すぐにクライアントを紹介してもらえないと、次からそういう場に出てこなくなる。そして、「あの投資は無駄だったな～」と一人悩む。

実は、私もこの点を誤解していた。異業種交流会に出ても、なかなかクライアントを紹介してもらえなかったので、やめようと思ったのだ。

そこで、交流会で知り合った人に相談してみると、あっさり「そりゃ無理ですよ。1回や2回会ったぐらいじゃ。誰かと飲みに行かなきゃ」と切り返された。

私は人との緊密な人間関係を作る努力をせずに、自分が身勝手な期待をしていたことを思い知らされた。

一方、人脈作りのうまい人は、じっくりと信頼関係を構築するところから入り、すぐに結果を求めない。メシを食いに行ったり、飲みに行ったりして、お互いの信頼関係を構築するところからスタートする。

そして、辛抱強く、クライアントを紹介してもらえるのを待っている。

第三の問題は、人脈作りがギブ・アンド・テイクであることを忘れている人が多いこと。自分のクライアントを相手に紹介する前に、相手のクライアントを自分に紹介してもらうことを求めている。

誰だってクライアントを紹介してもらいたいのは山々だが、ビジネスはそう簡単にはいかない。いつもテイクするだけでは、ただの嫌な人になってしまう。

だから、まず自分のギブから入ること。ギブを何回かすれば、相手も恩義を感じて、あなたがテイクできる案件を持ってきてくれる。

この仕組みがわからない人は、いつになっても人脈ができない。

まず、ギブから入るという広い心を持とう。万一、何度もギブをしてもお返しがなかったら、「人を見る目がなかったな」と思ってあきらめよう。

まとめ

45歳からの人生では、これまでと違う人と積極的に交わる

↓

一人との人脈を作るには、１００の出会いが必要

＋

人脈作りの前に、信頼関係の構築が必要だと肝に銘じる

＋

人脈作りはギブから入る

↓

焦らずに結果を待つ

4

プライドを捨てる

45歳は、いわば人生の再スタートである。それも、ほぼ一からの。

だから、新しいことを学ばないといけない。今までの知識の蓄積を捨てる必要はないが、妙なプライドは捨てたほうがよい。そして、まっさらな気持ちで、何事も貪欲に吸収していくのだ。

これができないと、タダの頑固な老人？　イヤ、中年になってしまう。

私がキャリアチェンジしてよかったなと思うのは、まっさらな気持ちで弁護士業務に挑戦できていることだ。

変なプライド、変な先入観がないから、若手弁護士のアドバイスも素直に受け入れる。事務員に教えてもらうことだってある。

ただ、自分がこうできているのは、昔の失敗があるからだ。30代でコンサルティング会社に転職したころは、「俺はＭＢＡだ」、「俺は銀行で経験を積んでいる」という変なプライドがあって、素直にコンサルティング業界の先輩に学ぶことができなかった。

こうした失敗があるから、今回は素直に若手弁護士や事務員のアドバイスが聞けているのだと思う。

ところが、同年代のベテラン弁護士たちを見ていると、自己流の仕事を20年、30年と積み重ねてきて、変なプライドと変な先入観の塊になったような人に会うことがある。

こうなると、もう進歩がない。仕事のスタイルは、20年前、30年前のままだ。いまだにファクスを愛用し、メールは仕事に使わないという人がいる。パソコンも使いこなすことができず、事務員の助けがなければ書面を作成することすらできないという人もいる。

過去20年のコンピューター・テクノロジーの進歩は激しかったが、学ぶ心をなくしてしまった人は、その進歩の恩恵を全く享受していなかったのである。

こういう人は、当然、インターネットでの情報検索もできないから、クライアントに対するアドバイスも古い常識に基づいて行っているのではないかと心配になる。なぜなら、昨今は法律改正の頻度も高く、新しいことを次々と学んでいかないと、どんどん〝浦島太郎〟になっていくからだ。

45歳からの新しい人生（セカンドライフ）では、謙虚に学ぶ気持ちを持ち、時流に遅れないよう、精いっぱいの努力をしていくことが必要だ。

このことは、最初に述べた自己完結力に結び付いてくる。これまであなたは、人生を丸抱えされ、会社に甘やかされてきたが、そのことをすべて忘れて、「何でも自分でやるマインド」を持つことが必要だ。

とにかく、このときに邪魔になるのが、あなたのファーストライフ（45歳までの人生）での妙なプライドだ。「俺はあの○○会社に勤めていたんだ」、「俺は○○会社の部長だ」、「俺は○億円の発注権限を持っていたんだ」といった過去の栄光が、あなたのセカンドライフを邪魔してしまうのである。

セカンドライフは一からの再スタート。皆が横一線に並んで、同じところから勝負するのである。そこでは、スタートラインに並ぶ前に何をやっていたか、どこにいたかは関係ない。

今、あなたがどれだけ早く走れるかを問われているのである。「勝つためには、何でもやる」、「知らないことは身に付ける」、「事務的で面倒くさいことでも、自分でやる」という気概を持ってやっていかないと、到底競争に打ち勝つことはできないのである。

ここで躓いたら、70歳までの現役生活などあり得ない。ましてや、5億円を稼ぐことなど、絶対にあり得ないのである。

まとめ

45歳からの人生は一からの再スタート
⬅ 45歳までの人生のプライドを捨て去れ
⬅ 今どれだけ早く走れるかを考えろ
⬅ 他人から貪欲に学んで70歳の現役生活の基礎を作れ

5

自分自身のグローバル化を図る

最後にもうひとつ必要な視点は、グローバルマインドである。

突然なんでグローバル？　と思われるかもしれないが、これからの世の中を生き抜いていくのに、グローバルの視点は欠かせない。

ＴＰＰが始まり、人とモノの国際間の移動が活発化する。東京の中心部に外国企業優遇の特区ができて、ビジネスの国際化が進む。２０２０年東京オリンピックの開催に向けて、外国人観光客がさらに増加する。

一方、日本の人口は縮小し、マーケットも縮小していくから、日本企業の海外進出は急速に進む。近い将来、中小企業も当たり前のように海外進出をし、国際取引を行うようになるだろう。アジアへの出張は、今の九州や北海道への出張のように当たり前になる。

こういう時代に生きるのだから、グローバルの視点は必須である。

では、それをどうやって身に付けるか。

第一に、外国人アレルギーをなくすこと。

中国人が嫌い、韓国人が嫌いなどという好き嫌いの議論はやめよう。中国人も韓国人も、お隣に住んでいる人と思って付き合えばよい。

街で道に迷っている外国人を見かけたら、積極的に話しかけてみるとよい。喜んでもらえるはずだ。こういうことを重ねていけば、あなたの外国人アレルギーも解消する。

第二に、片言でいいから、英語をしゃべること。

単語さえ並べれば、意味は通じるものだ。完璧な英語をしゃべる必要はない。

私は3年ほど前、ブルネイに10か月ほど行って仕事をしていたが、そこで若手のコンサルタントが、ほとんど英語をしゃべれなかった状態から、わずか数か月で自分の言いたいことが言えるレベルにまで進歩するのを見た。

まさに必要は発明の母だ。英語をしゃべらなければ仕事ができない状況に置かれれば、しゃべれるようになるのである。アメリカ人なら、幼児だって英語をしゃべるのだから、我々日本人の大人にできないはずはない。

今の時代、英語を学ぶ方法はいくらでもある。ハリウッド映画のＤＶＤを買えば、何度でも英語を聞くことができる。ＮＨＫのニュースだって副音声にすれば、英語で聞ける。果ては、フィリピンとスカイプでつないだ英会話教室があり、非常に安い費用でマン・ツー・マンの指導を受けることができる。

にもかかわらず、多くの人は何もしない。「いつでもできるから、今やらなくても……」とでも考えているとしか思えない。

もったいない話である。

第三に、外国で起きていることに興味を持つこと。

日本人はとかく日本のことだけに興味を持っていて、海外で何が起こっているかに興味を持たない。興味を持っているとしても、せいぜいアメリカのこと、中国のこと、北朝鮮のことぐらいだ。

せっかく新聞に海外の記事がたくさん載っているのに、そこを読み飛ばしてしまう。ニュースで聞いても馬耳東風なのだろう。

インターネットは世界につながっているのだから、海外の情報を取ろうと思えば、いくらでも取れる。ユーチューブで、海外のニュース番組だって見ることができる。それなのにやらない。

これでは、グローバル感覚など持てるわけがない。

今は、外国のことを旅行の対象としてだけでなく、外国で起きていることがどう自分の生活に跳ね返ってくるかを考えなければならない時代だ。

TPPによって、日本の経済、農業、医療がどう変わるのか。アメリカのシェールガス革命が日本のエネルギー需給をどう変えるのか。南欧諸国の経済危機が日本経済にいかなるインパクトを及ぼすのか。いつも感度を高く持ち、情報収集に努め、こういった変化に対する備えをしておくことが必要である。


45歳から70歳までは25年もあるのだから、時流に合わせていかなければ生き残っていけない。グローバル化する経済の中で、「私は英語がわかりませ～ん」、「私は外国のことに興味ありませ～ん」では、勝負できないのである。

目下、グローバル化は私の課題でもある。なぜなら、弁護士とは日本法の弁護士であるので、韓国や中国へ行ったら〝ただの人〟だ。しかし、日本経済が縮小していく中で今のまま留まっていていいのだろうかというのが、私の課題である。

外国企業が日本に進出してくる「アウト・イン案件」なら、日本法の弁護士という資格が活きてくるから、私としては仕事をしやすい。しかし、最近の中小企業のグローバル化を見ていると、何とかコンサルティングの経験を活かして、海外進出のお手伝いをできないかと考えている。

海外旅行に行くときだけ外国のことを考えるのではなく、自分のビジネスでも外国を意識する。これを行って初めて、これから25年の現役生活が見えてくる。

まとめ

45歳からの人生にグローバルマインドは必須

⬅

そのために、

1．外国人嫌いをなくす

2．片言でもいいから英語をしゃべる

3．外国で起きていることに興味を持つ

第4章

私が司法試験に一発合格できた3つのポイント

なぜ私にこの本を書く資格があるかというと、私自身、45歳を超えてから人生を切り開く勉強をしたからだ。

48歳からロースクールに通って勉強を始め、50歳で司法試験に一発合格し、弁護士になった。

私が実践した勉強法のポイントを紹介しよう。

1

自分が本当にやりたかったことを見つける

私はなぜ、48歳にもなって、ロースクールに行くことに踏み切ったのか。

その答えは簡単だ。外資系の世界で転職人生を歩んできて、45歳からの人生をどうやって食っていこうかと考えていた。70歳まで現役を続けるために、何をやって稼いでいこうかと悩んでいた。そのために、他人から一目置いてもらえるような資格を身に付けたいと思っていたからだ。

もちろん、そのとき弁護士を選択したのには理由がある。

私は東大を卒業したとき、1年留年して司法試験に挑戦したのだが、志半ばにしてあきらめた。留年しても短答試験に受からず、これではあと1、2年の勉強では受からないと思ったのだ。

そこで進路を変えて銀行に入り、その後、外資系の世界に転職して、それなりの人生を歩んできた。でも、やっぱり志半ばであきらめたことが、心の奥底でしこりになっていたのだろう。

大学卒業から25年後、縁があって、私はレクシスネクシスというアメリカの法律およびビジネス情報データベース会社の日本法人の社長になった。ヘッドハンター経由で来た話だったが、入ってみると、香港の社長は私が前にいたコンサルティング会社の出身者。私のことを推してくれたのだろう。

社長に就任すると、弁護士や大学の法学部教授ばかりと会うようになる。法曹関係者に囲まれて、私はなぜ自分だけ資格を持っていないのかという劣等感に苛まれた。

一方で、司法制度改革でロースクールが新設され、その中には夜間と土曜だけで単位を取れるところがあるという。私のような社会人でもロースクールに通うことが可能になったのだ。その上、ロースクール開校当時は70％の合格率になると言われていた。

旧司法試験の合格率が3％程度であったことを考えれば、夢のような話である。それなら自分も、ロースクールに行けば25年ぶりのリベンジが果たせると安易に考えた（結果的には、合格率は25～30％となって、当初見込みを下回ったが、私はなんとか合格者の中にもぐり込んだ）。

こうした3つの要因が重なって、「よし、やろう」と決心したわけだ。偶然と言えば偶然。

必然と言えば必然のような気がする。

今、弁護士になってみてどうかと聞かれれば、「やっぱりなってよかった」、「自分の性分に合っている」と答えられる。

自分一人で、依頼者の悩みに答えることができる。その悩みの解決法も依頼者と相談しながら、自分で決めていくことができる。

サラリーマンとしてやっていたときとは違って、上司の顔色を見て、自分がやりたいと思っていることを変える必要はない。もちろん、依頼者が絶対なので、彼らの要望には沿わなければならないが……。

その代わり、厳しさもある。そもそも弁護士は自営業だ。自分で稼がなければ、お金は入ってこない。一時しのぎでクライアントを取ったとしても、よい結果が出なければクライアントは離れていく。そういう意味では、まさに毎日クライアントからテストを受けているようなものである。

これを好きかどうかは、その人の性分だろう。私は、その厳しさに生きがいを感じている。大学生時代に弁護士の道を志したのには、どこかで自分の性格がこういう仕事に合うと知っていたからなのかもしれない。

私の場合、50歳を過ぎて、心の奥底で憧れていた職業についたのだ。45歳からの人生では、自分のやることの結果が自分に跳ね返ってくるのだから、自分の本当にやりたいことをやったほうがいい。

もし、「不本意だけどこれをやろう」というのなら、そんなことはやめたほうがいい。むしろ、多少は嫌でも今の仕事を続けたほうがいい。うまくいかなかったときに、絶対に後悔することになるから……。

だから、時間はかかってもいいから、本当に自分のやりたいことを探し出し、それに向かって全力投球していくことが大切だ。

「自分で店を持ちたい」と若いときから考えていたのなら、その夢を追ってみればよい。いきなり「2000万円稼げるか」という視点で、その夢を評価するのではなく、「本当に自分がやりたいことなのか」という視点で、その夢を評価するべきなのだ。

第1章でも述べたように、2000万円を稼げるかどうかは、資格や、仕事の種類によって決まってくるものではなく、自分がどれだけその仕事に付加価値を付けられるか、差別化することができるかどうかで決まってくる。

本当に自分がやりたいこと、自分にしかできないことを見出したものが勝ちということだ。

まとめ

不本意なことをやっても後悔することになる

⬇

自分が本当にやりたいこと、

自分にしかできないことを見つけるまで待つ

2

最低限の勉強で問題を解決する

虫の知らせか、積年の恨みか。ロースクールに入学し、弁護士になろうと決めた。でも入学したら、あとはいかにして2年後の司法試験に受かるかということだけを考えた。

入学した年の前期は、学校の授業についていくのが大変で、必死に勉強した。今でも思い出すが、民事訴訟法の成績が「可」だったのには、ドキッとした。東大在学時だって「可」など取ったことはなかったのに、「ヤバいな」と思った。「俺、勉強できないんじゃないかな」と。

そこで、夏休みの間に、司法試験に一発で合格するためにどうすべきかの情報収集を始めた。ちょうど1回目の新司法試験が終わったところだったので、予備校でやっている無料の問題解説講義を聞きに行き、雑誌に出ている解説を読み、どういう勉強をしたらいいのかを考えた。

当時は、1回目の新司法試験が終わったばかりで、情報が錯綜している状況だった。旧司法試験の発想から離れられない人が多く、模範答案を読んでも、旧司法試験的な回答が出回っていた（その特色は、あとで説明する）。

9月に新司法試験の結果が発表されると、同時に法務省から問題の趣旨を解説した文章が出てきた。こういう点が問題で、こういう答えを書いてほしいというようなことが書いてあった。それと読み比べてみると、いかに予備校や雑誌の解説が的外れであるかが、よくわかった。もちろん、全部の予備校や解説が的外れだったわけではなく、当たっている解説もあった。

そこで、私はその当たっているものを書いた人の言うことをフォローすることにした。勉強法もその人の言う通りの方法に変えた。

つまり、どう変わったかと言えばこういうことだ。

旧司法試験では、せいぜい10行ぐらいで書かれた事案が出題されていた。事案が短いから、事案の分析はほとんど必要がない。ポイントは、その簡単な事案を解決していく過程で出てくる、いわゆる論点についての記述をたくさんすることである。

論点についての学説を記憶し、それを答案に吐き出すことが得点になっていた。つまり、抽象的な議論が多く、問題解決のための具体論はさほど重視されていなかった。

一方、新司法試験では、まず事案が10ページ以上と長い。だから、事案を具体的に分析することが大きなポイントになる。そこから、どういう法的問題点が存在するのかを抽出することに大きな得点が与えられる。そこができれば、あとはそれを条文と判例に従って、解決していくだけである。抽象的な学説的議論は求められていない。

そもそも実務家を養成するための試験なのだから、裁判所で通用しない学説を暗記する必要はどこにもない。条文を探り当てることができ、それを普通の日本語として的確に解釈し、事案に当てはめることができれば、答えが出るという仕組みである。

そこで、私は勉強法を切り替えた。

まず、教科書を読むのは基本的にやめた。必要なら、該当箇所だけ読む。そこで余った時間を、条文を読むことに充てる。自分で声を出して読んで、日本語として理解していく。条文の意味があいまいなところには必ず判例があるから、そこだけは判例を読む。判例と言っても、最高裁判所の出した権威ある判例しか読まない。地裁や高裁の判例は、最高裁判所に覆される可能性があるから、読み飛ばす。

こう勉強法を変えることで、劇的に勉強をする対象が減った。1冊500ページも600

ページもある教科書を読まなくて済む。教科書は、民法のような大科目になると4分冊もあるから、これでめちゃくちゃ楽になった。判例集には細かい字で書かれた解説があるが、それも全く読まず、数十行の判旨の部分だけを読んだ。

こうして、勉強の量を大幅に減らすことで、昼間忙しい仕事をしながらでも、2年間で一通りの勉強を終える道が見えてきた。

夏休みの間に、いわば合格戦略を立てたので、後期からは学校の使い方も変えた。

自分が立てた合格戦略に合わないことは、学校で要求されても無視する。つまり、学校の授業で、「参考文献をたくさん読んで学説を検討してきなさい」、「判例の解説を分析してください」というような宿題が出ても全くやらない。

判例六法という条文と判例が載った六法を買って、本を解体し、憲法、行政法、民法……の小冊子に切り分け、それを通勤電車の中で読み込むことを日課とした。

勉強する対象を絞り込んだから、私のような社会人でも2年間で試験準備を終わらせることができた。平日2時間と土日だけで、昼間ロースクールに通う学生が、平均的に一日10時間も15時間も勉強しているのと同じ成果を出すことが可能となったのである。

ロースクール2年目となって、試験まで1年を切ったころから、予備校での答案練習会（答練）に通い始めた。新司法試験は4時間で1科目の答案を作成しなければならないから、慣れが必要だ。論文試験は、書く分量が15ページとか20ページになるので、訓練をしておかないと、とても時間内に書き終えることができない。

毎週日曜日、4時間の答練を受けに行った。今考えてもよくやったなと思う。当時は、合格に向かって燃えていたのだろう。

書く練習が主眼であったから、答案の採点はあまり重視しなかった。先ほども言ったように、当時はまだまだ旧司法試験の色彩が強いとき。出題される問題も、細かい論点が出されていた。

採点は旧司法試験合格者がやっているから、学説が書いてあるとマルが付いてくる。採点者もいろいろなので、統一した採点基準があるのかと思うぐらい、週によって点数が変動する。細かい論点が出たときなどは、そんなものは全く知らないから、ひどい点数がついてきた。でも、そんなことは完全に無視した。

ところが、ロースクールで同じクラスの人の中には、なんと複数の予備校に通い、答練の問題を集めて暗記している人がいた。私もその会に誘われたが、当然お断りした。

そんな時間があったら、新司法試験の過去2回の試験問題を検討したほうがマシと割り切ったのだ。

問題を検討してみればわかることだが、本試験の問題と予備校の問題は、全く違う。出来が違うのである。司法試験に受かったばかりの人が作る予備校の問題と、ベテランの裁判官や検察官、弁護士が作る問題では、出来栄えが全く違うのである。

結局、新司法試験の前6か月間は、新司法試験の過去2回の問題の検討だけに集中した。


こんな勉強をしているうちに、あっという間に5月の連休明けの試験が迫ってきた。

当時、データベース会社の日本法人の社長から転職した私がやっていた仕事は、コンサルティング。事業再生の仕事だった。ある企業をなんとか立て直そうと必死でやっていた。ところが、業績が悪化し、その会社が5月の連休中に民事再生を申し立てることになってしまった。

このため、試験前に1週間休んで勉強しようと思っていた計画もパー。さすがに試験前の月、火は休ませてもらい、水曜日から4日間の試験を受けた。最後の追い込みの勉強なしでの受験はつらかった。

それでも、自分の戦略の正しさを信じ、事案をよく分析し、条文と判例に基づいたわかりやすい答案を書くことを心がけて、何とか合格した。

こうして合格できた理由は、私の勉強戦略の正しさにあったと思う。

試験で要求されているものを分析し、それを満たすための勉強法を考える。当たり前だが、多くの人はこれができない。勉強というと、教科書を読み、難しい議論を理解することだと勘違いしてしまう。

そして、勉強の迷路にはまり込む。厚い教科書を読むから、読むだけでも膨大な時間がかかる。難しい議論を理解しようとするから、頭が混乱する。よくわからないので、それを理解することに膨大な時間を割いてしまい、一番大事な基礎的なことを勉強する時間がなくなってしまう。

最もよくないのは、難しい抽象的な議論に集中し、具体的な問題をどう解決していくのかが見えなくなることだ。学問といえども、現実の問題を解決することが目的であるはずなのに、そこがなおざりにされてしまう。かくして、勉強をしても、机上の空論になる。

そんなことにならないように、最初から具体的な現実の問題を想定して、その答えを出すことを目的とするべきだ。そして、そのために最短の勉強法を考え出すのが、効率的・効果的な勉強法である。

まとめ

勉強を始める前に、何が求められているかを考える

⬅

それを満たすための最短距離を見つける

⬅

最短距離が見つかったら、他人の勉強法には惑わされず、
一直線にゴールに向かって勉強する

3 自分の頭で考える

こんな省エネ勉強法を取って、一発合格を勝ち取れたのは、やはり自分の頭で考える癖が身に付いていたからだろう。

勉強戦略を練るのも、コンサルタントとして企業戦略を考えるのも、考え方は同じ。目標を決め、それに到達するための最短ルートを考えることに尽きる。

企業戦略なら、外部環境を分析し、競合相手の取る戦略を分析し、自己の強み、弱みを分析して、自分の頭で戦略を決める。

試験は、はるかにシンプルである。外部環境も競合もほとんど関係なく、試験で求めているものを明らかにし、そこに到達するための方法論を考えるだけ。

問題は、方法論についていろいろな意見があって、それに惑わされることだ。特に、当時は旧試験の確立された勉強法が残っていて、それに引きずられる傾向があった。

試験問題を考えるのも同じである。自分の頭で考えるしかない。

旧司法試験の問題なら、学説を書くことがポイントだったから、自分の頭で考えるというより、他人の頭で考えたことを自分の頭で記憶し、吐き出すことが中心だった。

新司法試験では、日常生活で経験しそうな事案が与えられて、そこから法的問題点を抽出することがポイントだ。その事案は、試験会場で初めて見る事案だから、それを考えることができるのは自分の頭だけ。それを解決する道すじを見つけるのも、自分の頭だ。

おそらく、旧司法試験に慣れていた人は、記憶の中から、これはあの問題に似ている、イヤあっちの問題のほうが似ているというように考えたのであろう。

しかし、そんなことをしても、時間の無駄だ。ちょっと事案が違えば、答えは全く異なってくるから、こういうやり方は危険ですらある。

では、自分の頭で考えるとき、何を頼りに考えていけばいいのだろうか。

それは、常識と経験だ。「常識的に判断して、経験から判断して、○○だ」と考えることである。

あなたが40代になっていれば、もう自分の経験と常識に100%自信を持っていい。これまでの会社人生、社会生活で得てきた経験や常識と関係のない事態などは存在しない。あなたが遭遇する事態は、あなたが過去に経験してきた事態から、ほんの少しだけ変化したものに過ぎない。

ただ、気を付けなければならないのは、自分の過去の経験に引っ張られないこと。事実関係を正確に把握することが大切だ。

事実関係が違うのに、自分の知っている経験に引っ張り込んでしまうことほど危険なことはない。事実関係を間違えると、それを元に考えた結果は全く的外れになってしまう。

「自分の頭で考える」と言うことは易しいが、多くの人はこれができない。不安心理が働く。問題が与えられると、すぐに他人が書いた、それもできれば権威を持った人が書いたものを調べたがる。これは、法律家も同じだ。

しばらく前に、ある会社の法務部の人と緊密に仕事をしたことがあるが、法務部員を見ていると、動き方が面白い。何か問題が生じると、目の前に六法全書があるのに、すぐに本を買いに行く。専門書を読んでからでないと、安心できないのだ。

私が六法全書を見て、○○法の第○条第○項に「△△△」と書いてあるから、□□□じゃないですかと言っても信じない。専門書を見て、有名な先生が□□□と言っているのを確認しないとダメなのである。

法律は日本語で書かれているから、日本語を正確に読んで、それを論理的に解釈すれば、答えが出るようにできている。確かに、専門用語やあいまいな表現を使っていて、判例を調べなければ解釈がわからないという法律はある。でも、それは滅多にない。

特に、経済法とか金融法のようなテクニカルな法律は、一つひとつの条文が長く詳細に定められているので、一義的に意味が明確になるようになっている。日本語を読んで常識的に解釈すれば、法律の意味がわかるようにできているのである。

こういう考え方で法律の勉強に取り組んでいけば、怖いものなどない。知らない条文が出ても、それを素直に読んで日本語の意味を理解し、事実に当てはめれば、それなりの答えは出せる。

だから、そんなにたくさんの勉強をする必要がない。江戸時代、寺子屋で声を出して論語を読んでいる絵があるが、ロースクールでも、学生が声を出して条文を3、4回読み上げれば、自ずと意味はわかるようになってくるはずだ。もちろん、こんな勉強法を教えているところはないが……。

私自身は、これを自ら実践したおかげで、通常の学生の5分の1ぐらいの時間の勉強でも、一発合格が可能になったのだ。

つまり、自分の頭をいかに使うかということ。45歳になって、これまで十分経験を積んできたのだから、それをベースに何事も自分の頭で考える。他人の考えを頼りにせず、自分一人で考えていくことが大切なのである。

まとめ

他人の考え方を覚えても、いざというときに役に立たない

⬅

自分の頭で考える癖を付ける

⬅

最小限の知識で考えることがミソ

第5章

勉強が続かない5つの理由

勉強を始める人はたくさんいるが、完結する人、目的を果たす人は少ない。
試験だけなら受かるかもしれないが、
それでビジネスを立ち上げ、稼げるようになる人は、極めて少数である。
まずは、勉強を途中であきらめる人にならないように、
多くの人が勉強を続けられなくなる理由を知り、
それらの理由を最初から克服しておくことが大切だ。

1 興味がなくなる

勉強が続かない理由はたくさんあるが、一番の理由は勉強の対象を間違えているところにある。

もともと何の役に立つかわからないことを勉強する。自分の興味がない分野、得意でない分野を克服しようと思って勉強をする。これが途中で挫折する最大の理由である。

どんな人だって、自分にプラスになること、興味があることなら、必死で勉強する。70歳まで現役を続けられる、5億円を確実に稼げると思ったら、一所懸命勉強するだろう。でも、そういう画《え》が頭の中に描けないと、途中で飽きてしまう。

おじいさん、おばあさんがパソコンやスマホを使えないのに、小学生がパソコンやスマホを使いこなしているのは、この理由だ。小学生はゲームがやりたい一心、友達とチャットがしたい一心で、パソコンやスマホのやり方を一瞬で学ぶ。ところが、おじいさんやおばあさんには、そういう目的がないから、パソコンやスマホの使い方を学ばない。

学校では、生徒に一律に同じ教科を教えようとするが、生徒の中には数学に興味を持っている子供もいれば、図工に興味を持っている子供もいる。体育しか興味がないという生徒もいる。

体育にしか興味がない生徒に、数学を勉強せよと言っても、効果は上がらない。数学にしか興味のない生徒に、図工を頑張れと言っても、やっぱり効果が上がらない。

学校時代は、一律に教育を施されるから、嫌いな科目もある程度勉強しなければ仕方がなかった。しかし、**「45歳からの勉強法」では、自分の好きな勉強だけすればよい。そこを伸ばして自分の特長を際立たせてこそ、食える資格、食えるスキルを身に付けることができる。**

だから、自分の興味があるもの、得意なもの、必ず70歳までの仕事につながりそうなものは何かを見つけることが一番大事である。

しかし、それも自分に適性があるものでないとダメだ。

皆がアイドルになることにあこがれても、生まれついた容姿の問題があり、それは不可能だ。ここまで極端でなく、たとえばスマホゲームのプログラマーになりたいと思っても、プログラムのロジックが頭の中で組み立てられない人はやっぱりダメだ。

司法試験前に、私は朝スターバックスに行って勉強をしていたが、そのとき周りを見回してみると、いろいろな資格試験の勉強をしている人がいた。簿記、USCPA（米国公認会計士）、社会保険労務士、英語と本当にさまざまだった。

皆、朝早く起きて、会社の近くまでやって来て勉強しているのだから、本当に勉強熱心な人たちだ。だが、それを仕事に結び付けた人は何人いたのだろうか。

彼らの多くは、おそらく試験に合格するまでのことは考えていたかもしれないが、実は一番大事な合格してからのことを考えていなかっただろう。資格を取った後、どうやって仕事を取ってくるかを考えていなかったと思う。

そこまで考えている人は少数のような気がする。おそらく、ほとんどの人の勉強は自己満足のため。「USCPA受かりました」、「社労士の資格取りました」と言うためだけに勉強しているように思う。

これに対し、最近お目にかかった人の中で、資格など何も考えずに、面白いところに目を付けた人がいた。その人の仕事は、人と人を引き合わせること。元は経営コンサルタントをしていたということだが、シコシコと分析をすることが性に合わなかったので、自分の得意な人と会うこと、人と話すことを商売にしようと思ったという。

この人にとっての勉強は、人と会って話を聞くこと。全国どこへでも出かけて行って、異業種交流会とか飲み会とかに顔を出す。そこで話を聞きまくり、人脈を広げる。そして、ニーズの会う2人を引き合わせて商談が成立すると、一丁上がりというわけだ。

こんなことが勉強かと思う人がいるかもしれないが、これも立派な勉強である。「45歳からの勉強」とは、ビジネスに役立てるために何かを学ぶことなのだから、この方にとっては、人に会って話を聞くことは勉強そのものである。


では、あなたは何を勉強対象にすればよいか。

まず、自分の得意なこと、やりたいことを見つける。ただ、それが独りよがりであっては困るので、家族に話したり、友達に話したりして反応を見る。他人も自分のことを自分と同じように見ているかをチェックするのである。

こうして他人からもお墨付きがもらえたら、それはあなたに適性があるということだ。

次に考えるべきは、それが稼げるスキルになっているかどうかだ。先ほどの紹介ビジネスの方は、お金をもらうほうから、その利益の3分の1を手数料としてもらうというビジネスモデルらしい。

1件紹介して、30万円の利益が出るなら、10万円の手数料がこの人に入るというわけだ。月に20件できれば、月収200万円、年収2000万円超えである。

この方は、自分の得意なことをお金に変える方法を見出したのである。

税理士になりたい人なら、自分が会計のような細かい仕事が得意か、中小企業の社長さんを相手にする商売が得意かを考える。そこをクリアできたとしても、年収2000万円を達成できるかの課題が残る。

普通に税理士をやっていたら、年収1000万円も難しいかもしれない。年収2000万円を目指すなら、自分の特色を出さなければ無理だ。

そこで、他人の持っていない自分の強みを考える。サラリーマン経験のある人なら、企業内部で経理マンとして働いた経験が活かせるかもしれない。自ら相続を体験した人なら、その体験を活かして、相続専門の税理士としてやっていく手もある。

70歳まで現役を続け、5億円を稼ぎたいなら、日夜、いかにしてライバルから差別化するかを考え続けなければならない。

まとめ

勉強対象を決めるにはまず、自分の得意分野を選ぶ

⬅

他人も自分のことを同じように見ているかチェックする

⬅

ライバルから差別化するビジネスモデルを考える

⬅

勉強対象を決める

2

頭に残らない

自分の頭で考えることの重要性については、前章でも述べた。

自分の頭が使えないと、ただ無批判に勉強することになるから、本を読んでいても頭に入らない。勉強をしていても頭に入らない。

頭に残らないとき、どうすればいいのだろうか。

その答えは簡単。いつも批判的に勉強をすることである。何か間違っているのではないか、世間の常識と違っているのではないかというところを見つけ、そこを考えてみることが大事だ。その記憶が、頭に残っていく。

たとえば、一念発起してビジネス・スクールに行き始めたが、どうしてもケース・ディスカッションで気の利いた発言ができないとする。仲間の中には、自分の意見を堂々と言う人もいるのだが、どうもあなたは自分の意見に自信が持てなくて、他人の意見の受け売りになってしまう。

私も、ビジネス・スクールで教えていると、こういう学生さんと遭遇する。頭はいいし、予習もしっかりやってきているのに、ケースに書いてあることを評価、論評することができない。ケースにどっぷりと浸かってしまい、書いてあることに洗脳されてしまうのだ。

こうしたとき、私が勧めるのは、ケースを読んだら一晩ゆっくりと寝て、翌日、ケースを見ずに内容を思い出しながら、自分の評価、意見を考えること。

これで、ケースに書いてあった細かい内容を忘れ、大筋の議論にフォーカスできるようになる。また、一晩寝ることで、ケースの内容をちょっと離れて見ることができるから、自分の意見を言いやすくなる。

それでも、どうしてもケースに書いてあったことから離れられないという人は、思いっきり批判的な態度を取ってみるとよい。

何でも批判してやろうという気持ちで、ケースに書いてあったことを思い出してみる。あの意思決定は間違っていたのではないか、その後の実行の仕方もやり方がまずかったのではないかというように、ずけずけと批判してみる。

すると、だんだん自分の勉強している対象を批判的に見る癖が付いてくる。そして、自分の意見を形成しやすくなるのだ。ここまで自分の頭で考えることができると、勉強したことが頭に定着していく。

そもそも人間の頭は、他人の意見を記憶することは苦手だ。自分が体験したことならいつまでたっても覚えているが、他人の言ったことなど翌日になれば忘れてしまう。人間とはそういう勝手な生き物だから、自分の頭で考える経験をしておくことが、知識の定着への一番の近道である。

ニュース記事について議論しても、ニュース解説を鵜呑みにしている人が多い。こういう人に「あなたはどう思いますか」と質問をしても、何の答えも返ってこない。

シリアの内戦のニュースを見たら、大衆迎合的に戦争反対、他国へ干渉するべきではないといった世論をフォローするのではなく、その話の裏に何があるのか、矛盾点はないかを考えてみることが必要だ。

ロシアがシリア政府を支援する意味はどこにあるのか、アメリカがシリアを放っておいたら北朝鮮はアメリカを恐れなくなり増長するのではないか、と考えを巡らせていく。さらに、アメリカが武力行使に慎重になることは、尖閣諸島に対する中国の干渉を一層エスカレートさせるのではないかと考えてみる。

こうして関連のある出来事にまで考えを巡らせていくと、大衆迎合的な戦争反対の議論だけで判断すべきでないことに気が付いてくる。

いつもこうした批判的な態度を取っていれば、自分の意見が自ずと形成される。そして、その過程で記憶が頭に残っていくのである。

まとめ

何か情報を得る

⬇

思いっきり批判的に見る

⬇

自分の考えを形成する

⬇

頭に定着させる

3

枝葉末節にとらわれる

枝葉末節にとらわれていると、勉強がよくわからなくなり、面白くなくなる。そうなると、勉強をやめようかと考え始める。

勉強のコツは、大事なところに集中し、早く全体像を理解することだ。そうしてしまえば、あらかたの問題は解けるようになる。

あなたの中学、高校時代を思い出してみてほしい。中間試験や期末試験になると、こんな失敗をしていたのではないか。

たとえば、いろいろとヤマを掛け、先生が時間を使って講義をしていたから、「ここが出そう」、「あそこが出そう」と友達と話し合った。絶対これが出ると思って試験を受けてみると、そんなところは出ず、空振り。私も中学、高校時代はこんな生徒だった。

あるいは、最初から復習を始めたが、途中で細かい議論に引っかかってしまい、最後までたどり着かなかった。ところが、最後のほうに重要な論点があり、そこが試験に出題された。やっていないから、当然悪い点しか取れなかった。

試験では、決まって試験範囲の中で一番大事なところを聞いてくる。そこに大きな配点が振られており、ヤマを掛けたところは、出たとしても小さな配点しかない。

これは、先生の立場から見れば当然のことだ。大事なところがわかっていないのに、枝葉末節の小さな論点にこだわっている生徒にいい成績をあげるわけにはいかない。

中間試験や期末試験は年に5、6回あるのだから、1回1回の試験範囲の中での大きな論点も、1年を通してみたら、中規模の論点に過ぎない。ましてや1回の試験範囲の中での小さな論点は、1年を通してみたら些末な論点に過ぎないのだ。

このことは、私自身が教える側に立ってみてよくわかったことだ。私が教えている社会人MBAコースでケース・ディスカッションをしていると、細かい点にこだわる人がいる。教える側からすると、そういう発言はスルーしたい。無駄な時間をかけたくない。重要なポイントに的を絞って、そこの議論がしたいのである。

しかし、中間試験や期末試験でヤマを掛ける生徒も、ケース・ディスカッションで細かいポイントにこだわる学生も、悪気があってやっているのではない。むしろ、自分でそこが重要だと思うからこそ、そこのポイントについてこだわっている。つまり、どこが重要かを誤解しているのだ。

とすれば、どのポイントが重要かをいかに早く的確に理解するかが勝負になる。そのコツは簡単だ。「よく使われるもの＝重要なもの」と理解すればよい。

数学なら、基本的な計算に使う公式、より進んだ公式の元になっている公式である。経済学なら、日常に起こる経済事象を説明できる理論、法律なら、日常で頻発する法律問題を解決するための条文とその解釈が重要だ。

どれが日常で使われるか、どの公式が他の公式を導く基礎になっているかなど、簡単にはわからないじゃないかと思っている人は、学校で先生の話によく耳を傾けたほうがよい。必ず、「ここは重要です」、「よく覚えておいてください」などと言っているはずだ。言葉で言っていないとしても、時間を割いているはずだ。

先ほど例に挙げたＭＢＡコースでのケースディスカッションの場合には、授業前に先生が「ここは重要」とは言ってくれないので、この手法は使えない。自分の頭で、どこが重要かを見つけなければならない。

そのためには、まずケースを読んで、話の筋をつかむ。話の筋がつかめれば、それに関係あるものは重要、それに関係ないものは重要でないと切り分けていくことができる。

こうして重要なところがわかれば、気がぐっと楽になる。勉強する範囲は、キュッと狭くなるのだから。細かい論点、細かい議論を捨てて、重要なところに集中すれば、勉強は圧倒的に効率的になる。

そして、骨格がつかめれば、それ以外のポイントは何となくわかってくる。なぜなら、細かい論点、細かい議論は、元の考え方が一緒だったり、重要なポイントからの発展形であったりするからだ。

つまり、以下の順番で勉強に取り組んでいけば、早めに結果を出すことができる。

まとめ

日常よく使うことは何かを考える
＋
先生が、どこが重要と言っているかを聞く
ＯＲ
話の筋を整理する
⬇
筋に関係のあるところとないところに切り分ける
⬇
筋に関係ある重要なポイントだけ勉強し、骨格をつかむ

4
すぐに成果が出ない

勉強法のもうひとつの重要なポイントは、すぐに結果に結び付けることである。

日本人には、「勉強＝苦学」と思っている人が多い。結果が出るまで、辛抱して、辛抱して、基礎を学んでいく。そして、1年後、2年後にその修行が花開くと思い込んでいる人が多い。

でも、そんなことをしていたら、45歳で始めた勉強が50歳まで、60歳まで花開かないことになってしまう。それでは、途中で嫌になってしまうだろう。せっかく勉強するのなら、すぐに成果が出たほうが楽しいではないか。

だから、45歳から勉強を始めるときは、すぐに成果が出るような勉強法を取る。どうやって？　その答えは簡単だ。

あなたは自分の興味を持つ勉強対象を選んだはず。ならば、あなたが勉強によって達成したいことが具体的にあるだろう。

英語を勉強するのなら、自分の会社を外国人に紹介するとき、どのようにプレゼンすればいいのか。パワーポイントの使い方を習っているのなら、そのプレゼン資料をどうやって自分のパソコンで作成するのか。

こうした具体的な自分の問題意識から、勉強に入っていく。

英語を勉強するときに、中学、高校のときに習った文法の復習から始めたら、いつになっても自分の会社の紹介などできやしない。パワーポイントの使い方だって、マニュアルを最初から丹念に読み始めたら時間がかかって仕方がない。

何かを勉強するときは、具体的な目的を持って、それに向かって一直線に進むのである。そうすれば、その目的を果たす過程で他のことも学ぶことができる。

先ほどの例で言えば、英語で自分の会社を紹介するプレゼン資料を作れば、会社の歴史、扱っている商品、研究開発体制、商品の販売方法、グローバル体制などを英語で説明することになり、その過程でさまざまな単語、時制、表現方法まで学べる。たったひとつのプレゼンで、英語を幅広く学ぶことができるのだ。

パワーポイントの使い方を学ぶときも、プレゼン資料を作り始めれば、その過程で、図形の挿入の仕方、エクセルからの表の貼り付け方、アニメーション機能の使い方等を学ぶことになる。

かくいう私も、実は自分ができないことを認めるのは嫌だから、パワーポイントを使い始めるのがかなり遅れた。お恥ずかしい限りである。

しかし、名古屋商科大学の教授職を引き受けてからは、プレゼン資料を全部自分で作らなければならなくなった。必要に迫られて、試行錯誤の末、パワーポイントの作り方を習得した口である。


こうした勉強の方法に切り替えれば、すぐに成果に結び付く。だから、飽きないし、実践的な学び方だから忘れない。

大学までの勉強法、つまり、暗記中心、修行のように基礎から積み上げ、結果が出るまで何年かかるかわからないという勉強法を捨て去って、「45歳からの勉強法」に切り替えれば、あなたも飽きることはなくなるだろう。

まとめ

勉強の具体的な目的を定める

⬇

それを実現するための勉強をする

⬇

目標を達成する ⬇ その過程で関連する事柄を学ぶ

⬇

勉強が楽しくなる

5

時間がない

もうひとつの勉強をやめてしまう理由は、時間がないということである。

しかし、**時間は「あるか、ないか」ではない。自分で「作るか、作らないか」である。つまり、時間がないのは、自分の責任ということだ。**

でも、仕事をしているあなたにとっては、かなり意識的に時間を作らないとできないことは事実である。

まず、勉強には、1時間とか2時間という単位のかなりの長時間が必要だという意識を捨てて去ってほしい。

10分でも20分でも、集中して勉強に充てられるなら、立派な勉強時間である。

そもそも、会社人生を20年も続け、いつもマルチタスクを同時並行で処理することに慣れているあなたは、おそらく1時間も2時間もの間、同じことに対する興味が持続しないはずだ。仕事は10分、20分の細切れでやっていくものだから、あなたの頭がもはやそういうペースになっているのである。

集中しての10分は1時間のだらだらとした勉強時間に勝ることを肝に銘じてほしい。大事なのは、投入した時間ではなく、集中した時間なのである。

10分の時間を1日に何回か取ればいいと考えれば、気は楽だ。

朝起きて家を出るまでの時間でも、通勤電車の中の時間でも、昼休みの時間でも、家に帰って寝る前の時間でも、勉強時間とすることができる。いくら忙しいと言っても、10分ぐらいの時間はどこにでも転がっているものだ。

第7章で時間術については詳しく述べるので、ここではこれだけの解説で留めるが、要するに大切なのは次のようなことである。

まとめ

時間は自分で作る

⬅

10分単位の隙間時間を見つける

⬅

その10分に集中して勉強する

第6章

5億円への勉強法10か条

前章で、勉強をやめてしまう理由をつぶした。
あとは、勉強するのみである。
ただ、やり方を間違えると、いつまでたっても結果は出ない。
45歳からの勉強は、70歳まで現役を続け、5億円を稼ぐための勉強。
一日でも早く結果につながるよう、効率を心がけるべきである。
そのためには、勉強法を根本から変えることが必要だ。

1

結果から考える

既に繰り返し述べてきたが、「45歳からの勉強法」と「18歳までの勉強法」はどこが違うのか。それは、結果を求めるかどうかである。

「45歳からの勉強法」では、結果を出すことがすべてである。稼げるスキル、資格を取ることが目的だ。そして、70歳まで年収2000万円プレーヤーを続ける――これが、目的となる。

「18歳までの勉強法」は、試験で結果を出すこと、いい大学に入ることが目的だった。また、自分が新たな知識を身に付け、成長していることを楽しむものでもある。「勉強している自分が好き」というのでも構わない。

いわばプロ野球と草野球の違いである。よくプロの選手が、「今日は楽しんでやりたい」と言っているのは、勝つことを義務づけられたプロ選手の願望に過ぎない。

楽しんでも負ければ、次の試合では使ってもらえないかもしれない。結果が出なければ、楽しんでも価値はないのである。「結果が出ない自分が嫌い」とならざるを得ない。

ここが、プロとアマの違いだ。

勉強についても同じ。「45歳からの勉強法」は、いわばプロとして勉強することだから、どこまでも結果にこだわる。結果が出なければ、勉強の意味はなかったと反省する。

したがって、勉強法はすぐに結果に結び付けるようにやる。結果を出すために、どういう勉強法が正しいのかと考える。

試験に合格したいのなら、まず試験問題を見て、その傾向と対策を考える。仕事で結果を出したいのなら、成功するために何が必要かを考え、それを勉強する。実に簡単なことだ。

ところが、多くの人はこれができない。勉強と聞くと、基礎からやる、教科書の最初からやる。学校時代に身に付けたアマとしての勉強法から、抜け出すことができない。

結果はどうなるか。

時間がかかり過ぎて、試験を受けるところまでたどり着けない。たどり着いたとしても、ピントの外れた勉強法を取っているから、歯が立たない。あるいは、勉強をしているうちに、その勉強対象が仕事上必要でなくなってしまうということも起こり得る。

たとえば、日本企業が社員に強いている英語力アップについて考えてみよう。

会社では、管理職ならＴＯＥＩＣで７５０点以上取れと命令している。

しかし、ＴＯＥＩＣ７５０点以上でも、日本の会社の管理職でビジネス英語を満足に使いこなす人は少ない。なぜだろうか。

理由は簡単だ。ＴＯＥＩＣの問題は、リーディングとリスニングだけでできている。受動的に読み、聞くことができれば、いい点が取れる。

ところが、ビジネス英語で要求されるのは、ライティングとスピーキング。能動的に書き、しゃべることだ。

日本の会社も、社員に英語力を高めてほしいと考えるならば、ダイレクトにライティングとスピーキングの能力を向上させよと命じればよい。

では、ライティングとスピーキングの能力を向上させるために何をしたらよいのか。

ちょっとインターネットで探してみても、そういうテストは存在しないようだ。でも、英会話学校などで、メールの書き方、英文レターの書き方、ビジネス英語の話し方等を指導しているところは多々ある。

日本企業も、社員の英語力を高めたいのなら、社員をこうした学校に派遣すればいい。ただ、学校は習うところに過ぎないから、練習にはなっても実践にどの程度役に立つかはわからない。

乱暴かもしれないが、日常の業務で英語の文章を書く、英語でプレゼンすることを、社員に課していったらいいのではないだろうか。

私も本当に英語を学んだのは、MBAで勉強していたときではなく、その後、コンサルティング会社に勤務し、カナダ人上司の下で、英語のレポートとプレゼンを仕事としてやらされたときだった。

レポートを書いて上司に持って行くと、「ここの意味がわからない」、「なんでそう考えるのか」などと徹底的に叩かれた。それを跳ね返そうと頑張ったことが、自分の英語力の涵養につながったのだと思う。

これと同じことを会社全体でやったのが、楽天だ。三木谷社長は、ある日、突然、社内公用語を英語に変えると宣言した。その日を境に、東京の本社での日本人同士の会議でさえ、英語で行われるようになっていった。

社員は大いに戸惑ったようだが、オーナー社長の命令とあれば、全員従わざるを得ない。その日から、全社員の英語猛特訓が始まった。経営幹部ならTOEIC800点、一般社員でも600点を取ることが最低ラインとして設定された。

つまり社員は、TOEICでリーディングとリスニングをやりながら、業務ではライティングとスピーキングを否応なくやらされたから、英語能力はみるみる向上していったのだ。

三木谷社長のみごとな社員の追い込み方、勉強のさせ方である。

まとめ

求める勉強の成果を定義する

↓

それに到達するための勉強法を考える

↓

実践と学習あるのみ

2 勉強戦略を立てる

第4章で述べたが、私が仕事をしながら司法試験に一発合格を果たせたのは、勉強戦略が正しかったからである。判例と条文だけ学び、過去問をひたすら解くという勉強法で、勉強範囲を絞ったからである。

仮に、教科書を読破して基礎からしっかりと学ぶという勉強法を取っていたら、到底合格することはできなかったと思う。

おそらく、2年間で勉強が終わらず、卒業後1年目の試験に中途半端な状態で臨んでいただろう。また、情報量が多過ぎて迷路に入り込み、頭の中は大混乱した状態で試験会場に行ったのではないか。

「45歳からの勉強法」は、結果を出すことが重要なのだから、そのために何をするかを考え、最短距離で結果に到達できる戦略を考えなければいけない。

「戦略なくして45歳からの勉強なし」である。


では、勉強戦略はどう立てたらよいのか。

これは企業戦略と一緒である。

まず、外部環境を分析する。資格試験があるなら、その試験制度がどう変わっていくのか。どんな能力がテストされているのかについて情報を得る。

次に、競合環境を調べる。同じ目標を持って勉強している人はどれぐらいいるのか。彼らは何時間勉強しているのか。彼らのレベルはどれぐらい高いのか。

そして、自分の強み、弱みを分析する。自分のレベルは競合との比較の中で、どのレベルにあるのか。自分はどの分野の理解が深く、どの分野の理解が足りていないのか。勉強時間をどれぐらい捻出できるか。

こうして外部環境、競合環境、自分の強み・弱みの検討を踏まえて、勉強戦略を立てるのだ。


戦略というからには、メリハリが必要である。

勉強時間は何時間投入するのか。何年計画で試験突破を目指すのか。勉強時間の配分は教科ごとにどのようにするのか。勉強方法として、どういう方法を取るのか。過去問重視で勉強をするのか否か。

こうした検討を行って、私はロースクール入学時に、次のような司法試験突破戦略を作った。

- ・向こう2年間で試験突破を目指す
- ・ウィークデイは1日2時間、ウィークエンドは1日5〜6時間の勉強をする
- ・最初の1年間は、条文を中心に勉強し、短答式試験の準備に充てる
- ・2年目は、論文式試験の準備に集中する、時間配分は得点配分通りとする
- ・予備校を答案練習の場として利用する
- ・試験直前の6か月間は、過去問の検討に充て、過去2年分の問題について、自分自身で答案を書く練習をする

これをカレンダーに落とし込んで、勉強をしていったことで一発合格を果たしたのである。

では、私が仮に、東南アジアに進出する中小企業向けのコンサルティング会社を立ち上げるために勉強を始めるとしたら、どうするだろうか。

まず、コンサルティング・サービスの内容を考えるだろう。進出先の選定、会社の設立、人の採用、許認可の取得、銀行口座の解説等さまざまなメニューを考える。

そして、そのためにどういう勉強が必要になるかを考える。各国の外国企業に対する規制、外国為替のコントロール、労働慣行と労働法による規制、必要な許認可等を調べ、知識として習得する。

他方で、中小企業へのマーケティングも考えなければならないから、そのために日本国内でどういうルートがあるのかについても調査をする。銀行・商工会議所等との連携が可能か、自分のネットワークで企業開拓ができるか等々を調べていく。

競合するコンサルティング会社にどのようなところがあり、どのようなサービスを提供しているか、自分はどう差別化できるかも考えていく。

つまり、勉強戦略の立て方は、以下の通りだ。

まとめ

外部環境分析　＋　競合分析

⬇

自分の強み・弱みの理解

⬇

勉強戦略の構築

3

常識を使う

勉強を効率よくやるには、常識を使うのが一番だ。

物理学で、なぜ物を落としたら、上から下へ落ちるのかを説明するのは難しい。でも、そんなことは誰でもわかっている。

経済学で、なぜ政府が公共投資をしたら、景気がよくなるのかを理論的に説明するのは難しい。でも、そんなことは誰でもわかっている。

法律で、交通事故を起こしてしまった人が被害者に損害賠償を払わなければならない根拠を探すのは、六法全書を見たことがない人には難しい。でも、それがしなければならないことであることは誰でもわかっている。

つまり、ほとんどのことは、常識の範囲内で解決できるということだ。

何かを勉強していてよくわからないなと思ったとき、常識で考えてみる。そうすれば、だいたい結論はわかる。それを理論的に説明するのが理論、それを学ぶのが勉強である。

こう考えれば、勉強するのも気楽になるのではないか。結論はわかっているのだから。

ところが、多くの人は勉強を始めるとワナにはまる。どういうようにワナにはまるのかと言えば、常識を動員せず、勉強をしてきたことだけをベースに問題を考えるので、結論が常識と大きく異なるものになっても気が付かない。

私も30代ごろまでは、そういう考え方をしていた気がする。どうしても理論にとらわれて、すんなりと常識で考えることができなかった。いわゆる〝頭でっかち〟で、勉強で学んだ理論を振りかざし、現実に合わない結論を平気で言っていたような記憶がある。

たとえば、アベノミクスが発動されるまで経済学者の間で議論されていた、貨幣供給量とインフレ率の関係を考えてみよう。

貨幣供給量を増やせばインフレになるという学者と、イヤ、今の経済情勢下では貨幣供給量を増やしてもインフレにはならないという学者がいた。

常識的に考えれば、貨幣供給量が増え、モノの量が変わらないならば、そのモノの値段は上がる。実際、アベノミクスを発動してみると、そうなった。

インフレにならないと言っていた学者は、何を根拠にしていたのか。まさに、木を見て森を見ず。学問のワナに陥ってしまっていたのではないか。

だから、気を楽に持って勉強をしよう。わからなくなったときは、一歩退いて、遠くから常識的に問題を考えてみよう。スッと結論が見えてくるはずだ。そうしたら、あとは理由付けを考えるだけだ。

勉強はそんなに難しくはない。

まとめ

勉強していてわからなくなった
⬇
一歩退いて考える
⬇
常識を動員する
⬇
結論が見えてくる

4 覚えないで理解する

「45歳からの勉強法」でのレジームチェンジ。それは覚えようとしないことである。

学校時代の勉強は、覚えることが主体だった。覚えたものを試験で吐き出す。試験の瞬間だけ覚えていれば、いい点が取れるという仕組みだった。試験が終わったらすべて忘れてしまっても、そもそも試験でいい点を取ることが目的だったのだから構わない。

私は文系の人間だが、高校時代は化学とか物理でも結構いい点を取っていた。今、クイズ番組等を見ていると、そのころの知識を使う問題がよく出てくるが、全く答えられない。まさに、理解する勉強ではなく、丸覚えする勉強をしていたから、こうなってしまったのだろうと反省している。

「45歳からの勉強法」は、勉強の成果を使うことが目的だ。試験のときだけ覚えて、吐き出せばいいのではない。試験が終わった後も使えてこそ、役に立つ。稼げる仕事につながって

くる。つまり、覚えるのではなく身に付けることが重要である。

こうした領域にたどり着くためには、まずは理解すること。納得できなければ、自分で使えないので、それが正しいと理解しておくことが大事だ。

そして、実際に使ってみるのがいい。こうした経験をすれば、理解したことが脳と体にしみ込んで自然に使えるものとなる。

英語の勉強なら、普段からＮＨＫニュースを英語の副音声で見たり、英語の雑誌を購読したりして、自分の頭の構造を英語の構造にしておく。進んで外国人と英語でしゃべり、会話に慣れておく。

経営学を学びたいなら、たくさんのケースを読んで、自分がそのケースの中のＣＥＯだったらどうするかを考えておくことが自分の肉となる。

こうして何度か実践していると、その考え方が身に付いてくる。どういう場合に理論が使えるのか使えないのかが、わかってくる。

ここまでは理解していることが前提と言ってきた。しかし、実は理解すら必要でない、使い方さえ知っていればいいというものもある。

私が、「なるほど、勉強とはこういうやり方もあるんだな」と思ったのは、アメリカのMBAコースに留学していたときの経験だ。金融の授業で、オプション価格の計算式を習った。ブラック・ショールズ・モデルと言い、のちに開発者の1人、マイロン・ショールズと、この公式を証明したロバート・マートンがノーベル経済学賞を受賞した計算式である。

これを導き出すには、微分方程式などを理解していなければならず、法学部出身の私には、全く無理。アメリカ人の学生も数学は弱いから、全く無理だった。

金融の先生が教えてくれたことは、その計算式の使い方だ。エクセルに計算式が入れてあり、「ここに金利を、ここにボラティィリティ（価格の変動率）を入れて、こういう風に使います」と説明してくれた。エクセル・シートの使い方さえわかれば、オプション価格が計算できる。

私がこれを勉強したのは、1986年のことだ。今では、デリバティブのトレードは、日本の金融機関でも当たり前になっているが、おそらくトレーダーの中に計算式を証明できる人はほとんどいないはずだ。私が30年前にアメリカで習ったときのように、使っているだけだろう。

でも、それで十分なのである。

ところが、日本人には、特に勉強好きの日本人には、これができない。気持ち悪いのである。私もアメリカに留学する前は、こうした傾向を強く持ち、何とか理解することに力を傾けて、無駄に時間を費やしていた。

もし、あなたもそう思う一人なら、「気持ち悪いから使わない→仕事で稼げない」、「気持ち悪くても信じて使う→稼ぐ」のどちらの選択肢を取るか、考えてほしい。

誰だって、後者を取るだろう。

まとめ

覚えないで、理解する
OR
あまりに難しいことは、理解せずに使い方を勉強する
⬇
勉強したことを現場で使う
⬇
そして稼ぐ

5

わかることだけ学ぶ

勉強をするというと、最初から最後まで理解できないと気持ち悪いという人が多い。

「45歳からの勉強法」は、自分の仕事、生活に役立てるための勉強法だから、自分の納得がいかず使ってみたいと思えないなら、スルーすればいい。

わかることだけ、自分の納得がいくことだけを学べばよいのである。学生時代のように、わからないことまで覚えて、試験でアウトプットする必要などないのだから。

ただし、前項でも述べたように、理解できなくても使い方を覚えて、使いこなすという選択肢がある。そうすれば、自分の仕事の範囲も広がっていく。

ただ、中途半端な理解、独りよがりの解釈というのはいけない。

あなたも、わけのわからない理論を振り回し、わけのわからない話をしてくる人に仕事上で会ったことがあるだろう。こういう人は、どこかで受け売りしてきた理論、中途半端にしか理解していない理論に振り回されていることが多い。

私が、仕事上出くわしたのは、次のような出来事だった。

あるクライアントが、コンサルタントから会社分割を勧められて、それを実行した。ところが、分割して新たにでき上がった会社が銀行から訴えられて、対応に困っているということだった。

このクライアントは、コンサルタントの話を信じて、会社分割をして新会社を作れば、旧会社の債務に対する責任は完全に免れると誤解をしていたらしい。

世の中、そんなうまい話があるはずもない。会社分割を悪用して新会社を作り、そこに事業をそっくり移してしまった場合などは、新会社も債務返済の責任が認められるようになっているのだ。

これは、中途半端な理解が失敗に至った例である。

だから、よくわからないことは忘れていい。かえって、けがの元である。わかることだけを学び、使う。わからないことでも、重要なことは使わざるを得ないが、その場合は、しっかりと使い方を理解した上で使う。

こうしていけば、仕事の幅も広がってくる。

まとめ

わかることだけ学ぶ

ＯＲ

わからなければ、使い方を理解する

⬇

そして、仕事で使う

6 やると決めたことはやり続ける

せっかく一度やると決め、本を買い込み、半年も勉強したのに、途中で挫折してしまう人が多い。

それではもったいない。時間の無駄だ。

私が行ったロースクールでも、こういう人が結構いたようだ。

最初の入学時には、確か65名程度の入学者がいたが、２００８年に卒業したのは50名強。15名ほどの人が、結構高い入学金と授業料を払って入学してみたものの、途中でやっぱりダメだと思ってあきらめてしまったようである。

勉強をやめないための第一の秘訣は、自分に合わないことを目指さないこと。

おそらく、ロースクールを辞めてしまった人の多くは、入学して勉強を始めてみたものの、「これは自分には合っていない」、「自分のやりたいことと違う」と思ったのだろう。

勉強の対象を決めるときに、冷静に自分のやりたいことと自分の適性を見極めることが必要である。

第二の秘訣は、毎日やり続けることができるように、ペースを守ること。

第7章で詳しく述べるが、「1日に2時間以上勉強しない」というのは、まさにそれが理由だ。無理してやると、だんだん勉強していることが嫌になってくる。それを避けるための方法が、あまり勉強し過ぎないということなのだ。「もうちょっとやりたいな」と思うところで勉強をやめておくぐらいが正解である。

そうすれば、翌日の勉強を「よし、やるぞ」と気力が充実した状態で始められる。やり過ぎてしまうと、「ああ、またか」と憂鬱な気持ちでスタートするから、生産性は全く上がらない。対照的である。

勉強をやめないための第三の秘訣は、自分の心の中に逃げ道を作らないことだ。

やめる人に聞けば、「仕事が忙しいから」という理由が一番多いだろう。しかし、そんなのは、あらかじめわかっていたことだ。だからこそ、悩んだ末にやろうと決断したのではなかったか。

心の中の逃げ道をふさぐことが、こうした気持ちを持たないための答えだが、問題はどうしたら逃げ道をふさげるのかだろう。

それは、第1章でも述べた点にある。自分の45歳からの人生を考えて、危機感を持つことだ。もともと45歳からの人生についての危機感から勉強を始めているので、それを再度思い出すことが一番の薬である。

と同時に、勉強をやり遂げた後の仕事のイメージを明確に持つこと。自分が、勉強の成果を活かして、仕事を始め、70歳まで現役で、バリバリと稼ぎ続けているイメージを作り上げる。

このイメージができ上がれば、5億円の世界が見えてくる。勉強をやめ、45歳から真っ暗な人生を送っている自分の姿も思い描くことができれば、その落差に愕然とする。

こうしたイメージができ上がれば、「やめる」などという考えは、二度と浮かんでこないはずだ。

つまり、やり続ける気持ちを持つコツは次の3つである。

まとめ

自分に適性があって、やりたいことを勉強する

⬇

毎日、ペースを配分しながら勉強を続け、やり過ぎに注意する

⬇

それでも、やる気がなくなったら、45歳からの人生（さびしい老後を送っている自分の姿）をイメージする

⬇

「やめる」などとは、二度と考えなくなる

7 PDCAサイクルを回す

勉強でもうひとつ重要なのは、PDCAサイクルを絶えず回し続けることだ。「45歳からの勉強法」は、70歳まで現役を続け、5億円を稼ぐために、プロとして勉強するのだから、仕事である。

仕事だから、PDCAサイクルを回すのは当然のこと。まず計画を練る（PLAN）。それを実行する（DO）。その成果をチェックする（CHECK）。うまくいっていないところを見つけたら、そこを修正する（ACTION）。**このサイクルを少なくとも毎週、できれば毎日繰り返す。1日でも早く修正できれば、勉強の成果がその分上がるのだから当然のことだ。**

私がロースクールへ行っていたときに見たことを例にあげよう。

当時、私の周りの学生のほとんどは、旧司法試験の受験歴5回、10回という猛者ばかりだった。ロースクールを作り、多様な人材を確保するなどと言いながら、その実態は、予備校がロースクールに変わったというだけのこと。お寒い現実だった。

彼らは、25年間の勉強のブランクの空いた私などより、はるかに広い知識を持っている。そして、旧司法試験でいくつかの科目ではいい点を取った、予備校で上位の成績を収めていた、といった成功体験を持っていた。

ところが、これが命取りになった。試験の内容が変わったのに、過去の成功体験に引きずられて、勉強の仕方を変えられないのである。

PDCAサイクルを回すどころか、プランすらない。過去5年、10年とやってきた勉強法を繰り返すだけなのだ。

私が一番驚いたのは、旧司法試験で、いつも合格まであと何点という惜しい成績を取っていたという学生。予備校が出している旧司法試験用の問題集を持ち歩き、各科目100問近くある問題について、自分で答案を書いたというツワモノだった。

これで内容の変わった新司法試験に合格する気があるのか、と思ったことを覚えている。

悪い例ばかり書いてしまったが、本来あるべき姿を紹介してみよう。

ＰＤＣＡサイクルを回すために必要なのは、自分の勉強の成果のチェックだ。独りよがりではない、第三者によるチェックが必要になる。

資格試験なら、本試験の問題を解くことがこれになる。くれぐれも予備校の作った問題で、これをやらないこと。本試験で要求されているものを、どれだけ満たせているかを測定することが重要だからだ。

資格試験など受けず、自分の経験とスキルをもとに45歳から事業を始める人にとっては、クライアントのニーズを満たすことが勉強対象だ。将来クライアントにしたい人を何人か捕まえ、彼らと話しながら、彼らの期待に自分が的確に応えられるかが、一番いいチェック方法だろう。

クライアントのニーズは、経営環境が変わればどんどん変わっていくから、ときどき彼らの話を聞いて、自分がそれに応えられる力を身に付けているかを、常時チェックすることが必要だ。

ポイントは、勉強することばかりに夢中にならず、常に、自分の目標に対する進捗度チェックを心がけること。それさえできれば、あとは自分の勉強法を修正していくだけ。自分の勉強のやり方に固執せず、自分が間違っていると思ったら、すんなりと勉強のやり方を修正していくことである。

PDCAサイクルを回すことを毎日やったほうがよいと言われても、そんなことはできないと思う人も多いだろう。でも、やってみると意外に難しくないことがわかる。満員電車の中で吊り革につかまっているときに頭の中でもできることだから、毎日やることを強くお勧めする。

1日早く修正できれば、無駄な勉強を1日しなくてよくなるのだから。

まとめ

いつも試験の求めるもの、クライアントの求めるものが何かを探し続ける

⬅

今の自分の勉強法がそこからずれていないか確認する

⬅

ずれているところはすぐに修正する

⬅

これを毎日やり続ける

8

厚い教科書は読まない

これまで言ってきたことで、もう皆さんはわかっているものと思うが、厚い教科書を読む必要はない。読むとしても、できるだけ薄い教科書。なぜ、薄いほうがよいかと言えば、全体像を簡単につかめるからである。

勉強のポイントは、骨格をつかむこと。骨格がつかめれば、あとで、小さな論点は自然とわかるようになってくる。

だから、厚い教科書は辞書として使う。何かわからなかったときに、調べ物をするのに使う。全部読んだりはしない。

これも学生時代の勉強法に慣れた人には、なかなかなじみにくいことである。どうしても、厚い本を読まないと勉強したという気にならないし、細かい点まで理解しないと、気持ちが悪い。

実は、私もこれにはまった一人だった。大学卒業時点で、司法試験を受けるために1年留年したが、論文試験の勉強を中心にせよという受験界の通説に従って、分厚い法律の教科書の読み込みにほとんどの時間を費やした。

その結果、頭の中ではいろいろな学説が飛び交い、スパゲッティ状態。条文と学説との関係がよくわからないまま、4年生の正月を迎えた。

司法試験の短答試験は例年5月に行われていたので、正月になると、そろそろ短答試験の準備をしなければならない。短答試験は、主に条文の知識を聞いてくる試験であるので、それまでの論文試験とは違う勉強が必要になる。

ところが、短答試験に取り組んでみると、条文の勉強をおろそかにしてきたものだから、1年間勉強してきたにもかかわらず問題が解けない。あわてて短答試験の問題を解きながら条文を読み込んだが、5月の短答試験に間に合わず、不合格。短答試験に受からないようでは、翌年の最終合格はおぼつかないだろうということで、司法試験をあきらめた。

「45歳からの勉強法」は、勉強のための勉強をするためにやっているのではない。自分の人生に役立てるためにやっているのだ。その目的に合わないものは、捨てるのみ。

厚い教科書の役に立つところはどこかと言えば、辞書として使うための索引部分と、全体像をつかむのに役立つ目次。この2つだけは目を通しておきたいが、それ以外は不要だ。全部を理解しようとすると、かえって頭の中がこんがらがって、混乱してしまう。だから、教科書を最初から最後まで読破しようとするなど、愚の骨頂である。

たとえば、英語を学ぶときも同じである。いろいろな教科書を買って、言い回しの表現を全部覚えようとすると、何年もそれに時間を費やすことになる。

よく言われることだが、英語の表現は、中学、高校時代の英語でほぼすべてカバーされている。出てくる単語だって、7割近くは習ったものである。

もし、英語から10年も20年も離れていて全部忘れてしまったと言うのなら、息子、娘の英語の教科書を借りて一通り読んでみれば、かなりの部分は思い出せるはずだ。

そして、英語の勉強は、文法を復習したり、単語を覚え込んだりするのではなく、使うことに集中したほうがいい。

英語のメールをもらったら、それに自分なりに返信する。最近、英語のメールの書き方の本が出ているが、最初にそんなものを読む必要はない。何度かメールのやり取りをして、

「うまく表現できない」、「相手に言いたいことが伝わらない」と思ったら、そのとき必要となった知識を補充するため、その部分だけを学べばいいのである。

しゃべることも同じ。まず、英語で話してみる。単語が出てこなくて困ったら、そのとき調べればいいし、相手の言うことがわからなかったら、聞き返せばよい。

まとめ

教科書は薄い本を探す

⬇

全体像をつかむ

⬇

とにかく、勉強した知識を使ってみる

⬇

わからないことが出てきたら、その部分だけを学ぶ

9

実例に当てはめて考える

勉強が進んでいくと、だんだんと難しい理論や法則が出てくる。

それを学ぶときのコツは、自分の仕事で使ってみること。抽象的にだけ理解していたのでは使いものにならない。「45歳からの勉強法」の目的は、その成果を活かして、仕事につなげ5億円を稼ぐことなのだから。

たとえば、経営学で事業ポートフォリオの理論を学んだら、自分の会社に当てはめて考えてみる。どの事業がキャッシュを生み出す「金のなる木」で、どの事業が、成長率は高いがキャッシュをあまり生み出してくれない「スター」なのかと。

ミクロ経済学を学んだら、自分が買った電気製品についての需要と供給のカーブがどうなっているかについて考えてみる。価格に対する需要のセンシティビティ（感応度）はどの程度高いのかと考えてみる。

英語を学んでいるのなら、今日新聞で読んだ日本語の表現を英語に直したらどうなるのかと考えてみる。家に帰ってNHKのニュースをつけ、副音声で英語を聞いてみれば、時事問題がどう英語に訳されているかを学ぶことができる。

こうして身近な実例に当てはめて使ってみてこそ、学んだ知識が使える知識になり、自分の肉となっていく。学んで学びっぱなしにしておくと、いつの間にか忘れてしまい、日常ではその知識が使えなくなり、元の木阿弥ということになる。

私も大学時代までは、学びっぱなしの勉強法を取っていた。法律の本を読んで、何となく理解した気がするのだが、それを実例に当てはめることができない。

もちろん、教科書を読めば、いわゆる教室設例という非常に単純化したケースは出ているのだが、実際に起きた事件を取り扱った判例集を読むとよくわからない。頭を柔軟に使って、実例を解決するという訓練が欠けていた。

「45歳からの勉強法」では、自分の45歳からの人生に役立てることが勉強の目的だから、すぐに学んだ知識を利用してみる。知識の利用の仕方を知ることを徹底していくのである。そして、知識を体に覚え込ませていくのだ。

まとめ

理論や法則を学ぶ
⬅
身近な実例に当てはめて使ってみる
⬅
自分の肉となる

10

すぐ仕事で使ってみる

学ぶときに、実例に当てはめて考えるだけではなく、自分の仕事、自分の生活で必要になったときに勉強の成果を使ってみるといい。

これをやってみると、その過程で付随的な問題が出てくるから、他に何を学ぶ必要があるかもわかってくる。

たとえば、パワーポイントの使い方を習っているなら、自分が会社でプレゼンをやるときに、今までA4の紙に箇条書きの資料を用意していたのを、パワーポイントで作ってみる。機会があれば、実際にプレゼンをしてみるのがいいだろう。

ここまでできるようになれば、パワーポイントの使い方を完全に習得したことになる。

英語だって、せっかく勉強しているのなら、会社に外国人がやってきたときに使ってみる。

最初は挨拶だけでもいいが、だんだん慣れてきたら、仕事の話を英語でしてみる。

つかえながらでもいいから、英語でしゃべってみれば、自分がどの単語がわからないのか、どういう表現の仕方ができないのかがわかってくる。こうして少しずつ知識を補っていけば、次の機会では、もっとうまく英語での商談ができるようになる。

会計を学んでいるのなら、取引先の財務諸表をもらったら、自分なりに分析をしてみる。在庫が多過ぎないか、売掛金が多過ぎないか、現金収支は大丈夫かと、取引先の信用状況を自分なりに判断していく。

こうして自分の仕事に知識を役立てることができるようになれば、勉強の成果は加速度的に高まっていくのである。

まとめ

知識を習得する
⬅
仕事で使う
⬅
使いながらレベルアップを図る

第7章

最後までやり切るための時間術5か条

多くの社会人が挫折する理由は、時間がないということである。
やり方が悪いから時間がなくなるという場合もあるが、
やり方が正しくても、時間を切り盛りすることは必要だ。
本章では、働きながら勉強した私の経験を踏まえて、
どのようにして忙しい毎日から勉強時間をたたき出すか、
その鉄則を紹介する。

1 細切れ時間に集中する

第5章で、勉強時間は10分ずつでいい、その代わりに、集中してやればよいということを述べた。

この10分の間にいかに集中するかが勉強の成果を上げるための勝負である。そのためには、どうしたら集中できるか、自分でパターンを作ってしまうとよい。

勉強に入る前に運動をしたほうがいいという人がいれば、体を動かせばいい。音楽を聞きながらのほうが集中できるという人なら、好きな音楽をかけて集中すればいい。自分の家よりも、喫茶店に行って勉強したほうが集中できるという人なら、行きつけの喫茶店を作って、そこで集中する。

これには、万人共通の方法などないだろう。自分自身の持つリズムに合わせて、勉強していけばよいのだ。

いけないのは、気持ちが乗らないのに、無理して勉強すること。これを続けていると、しまいには勉強することが嫌になってくる。これでは、元の木阿弥。こうしたときは、気分転換をして、自分が勉強しようという気持ちになるのを待つ。

それから、集中してまた勉強すればよい。


私の場合、司法試験前はこんな勉強法を取っていた。

ウィークデイは、朝家を出て、早めにオフィスの近くに行き、スターバックスに入る。そこで1時間ほど勉強する。

勉強の対象は、前に述べた判例六法を切り取った、民法とか刑法とかの小冊子の読み込み。試験直前はもっぱら過去問の検討をした。

どちらも、細切れで勉強するのに適切だった。条文なら、1条1条読んでいけばよいので、時間が尽きたところで会社に向かう。1条読んで意味を考え、それがどういう場合に当てはまるのかを考えていけば、自分の頭を必死で回転させるから、集中が容易だった。

過去問も、短答式という5択の問題なら、1問3~5分もあればできるので、これまた時間が尽きたところで勉強を終えることが可能なものだった。問題を見て、自分の頭で考えるから、これも集中しやすかった。

つまり、細切れ時間で効率的に勉強するには、題材も細切れでなければダメなのだ。司法試験で言うと、論文式の問題は10分では読み終わらないからこうした勉強法には適さない。

細切れ時間で処理できる題材を選び、それを処理していくのが正解だ。

まとめ

細切れ時間を見つける

⬇

自分の集中できる環境を作る

⬇

短時間で処理可能な題材を見つける

⬇

自分の頭で考え、集中して考える

2 朝1時間を活用する

私の場合、前項で述べた細切れ勉強法の一番の時間の供給源が、朝の1時間である。なぜ朝かと言えば、理由は2つある。

第一に、頭がリフレッシュしている。

第二に、自分が早起きしさえすれば、いつでも時間を取ることができる。その背景としては、45歳にもなると朝早く起きるようになっていたことがある。早く家を出ることに苦痛を感じない。朝早く出かければ、通勤電車は空いており、中で新聞が読めるから、時間の無駄がない。

たぶん、この朝1時間が作れない人は、根気のいる勉強を続けることが難しい。なぜなら、夜1時間作ろうと思っても、仕事が終わらなかったり、外せない飲み会が入ったりして、常時1時間を捻出することができないからだ。

私の場合、今でもこの朝1時間勉強法を続けている。

現在、私は弁護士の仕事の他に、MBAの授業、本の執筆、講演等をしているが、その準備をするのがこの朝1時間である。

朝は6時に起床。愛犬の散歩で30分ほど外に出る。帰って来ると、朝ご飯だ。パンとヨーグルトと紅茶の簡単なものだから、6時50分ごろには食事を終える。その後、歯を磨き、トイレに行って、着替えをして、7時5分とか10分には家を出る。

駅まで行き、電車に乗って40分程度でオフィスの近くのスターバックスに到着する。だいたい8時10分前になっている。

それから1時間が勉強タイムだ。原稿を書かなければならないときは、パソコンをスタートアップして、すぐに打ち始める。これは集中するのに一番簡単だ。手を動かさなければならないし、文章を自分の頭からひねり出さなければならないから、他のことを考えている暇はない。スッと集中できる。

簡単に集中できないのは、MBAの長いケースを読まなければならなかったり、本を書くにあたって、誰かが書いた本を読まなければならなかったりするときだ。他人が書いた文章を読むという受動的な行為なので、頭は少し働かせるものの、手を動かすわけではないから、集中の度合いが浅い。周りの人が動いたり、音を立てたりすると、どうしても気が散ってしまう。

しかし、これは避けられないことだから、こうした作業はできるだけ短時間で切り上げ、自分の原稿を書いたり、パワーポイントを作ったりする能動的な作業に移行していく。

私にとっては貴重な、この朝1時間を生み出すために一番必要なことは、夜早く寝ることである。

私の睡眠時間は7時間だから、朝6時に起きるためには、夜11時には就寝しないといけない。寝つきをよくするためには、少しでも運動をしていたほうがよいから、ジムでの運動も週に2、3回はやる。

つまり、朝1時間を生み出すためには、自分の生活をしっかりと管理することが必要だということである。

まとめ

寝つきがよくなるように、週に2、3度は運動する
↓
夜11時に寝る
↓
朝6時に起き、7時ごろ家を出る
↓
オフィスのそばの喫茶店に行く
↓
すぐ勉強に取りかかる
↓
時間がきたらサッとやめて会社へ行く

3

1日2時間以上勉強しない

勉強というと、1日に5時間も6時間も、場合によっては、10時間もやるものだと思っている人が多い。

しかし、「45歳からの勉強法」は全く違うものである。**時間のない45歳の人がそんな長時間を勉強に投入できるはずがない。短時間の投入で大きな成果を上げること、集中して勉強すること、飽きずに長く勉強を続けることを目指すのである。**

そもそも、45歳にもなった人が、1日に5時間も6時間も集中して勉強をすることなど、できるはずがない。絶対に集中力が続かない。

だから、そんなことは端からあきらめて、勉強戦略を立てたほうがよい。高い目標を掲げて、すぐに挫折を味わうより、低い目標を掲げて、達成感を味わったほうがやる気が出てくるというものである。

仮に気分が乗ってきて、1日に4時間も5時間も勉強できそうな日があったら、ラッキーと思えばよい。そういう日でも、飽きたなと思ったら、サッサとやめて、気分転換を図ったほうがいい。

無理をすると、翌日、「昨日よく勉強したから、今日はやらなくてもいいや」となってしまう。

継続は力なりで、やり続けていれば、少しずつでも理解度は上がってくる。しかし、やらない日が入ると、理解度が後退してしまう。せっかくできてきた勉強のリズムが途切れてしまうことが大問題である。

だから、45歳からの勉強は発想を切り替えるのだ。

まとめ

勉強は、短時間で集中してやる

⬅

少しでも飽きたなと思ったら、気分転換を図る

⬅

毎日継続することを心がける

⬅

勉強の習慣をつける

4

2日続けて飲みに行かない

皆さんの中には、お酒が好きで誘われると断れないという人もいるだろう。でも、2日続けて飲みに行ってはダメだ。

2日続けていくということは、少なくとも、夜に勉強することはできなくなるということだ。

あなたがお酒に強い人で、朝までには完全に復活しているから全く平気という人なら、朝の1時間は何とか捻出できるかもしれない。それでも、45歳になり年を取ってくると、お酒が体に残るようになる。2日続けて飲んだら、朝の1時間が取れたとしても、やはり生産性が落ちてしまうだろう。

だから、2日続けて飲みに行ってはダメだ。誘われても断る、強い意志を持とう。

これは飲みに誘われたときだけではない。遊びも同じだ。

勉強を始めたら、一番長い時間を投入できるのは土日である。2日続けて遊びに行ってしまっては、一番大事な勉強ができなくなる。

「1日に2時間以上勉強しない」と言ったが、これは平日の話。土日ぐらいは、1日に4、5時間ぐらい頑張って勉強しないと、同じ資格を目指している学生に太刀打ちできない。

私の場合は、お酒に強いほうではなかったから、飲み会を断ることにそれほどの抵抗は感じなかった。何とか予定をやりくりし、2日続けて夜遅くなることを避けていた。

それでも会食などの予定が入り、ときには2日連続夜が遅くなることもあった。こういうときは、できるだけお酒を飲まないようにする。翌日に疲れが残るからだ。

ロースクールに通っているときは、好きだったゴルフをやめた。ロースクールに入る前に、ちょうど会員権も売り払っていたから、所属コースもなく、よく一緒にゴルフをやっていた友達は転勤で地方に行っていたので、年に数回程度しかゴルフに誘われることもなく、勉強に打ち込めた。

いずれにしても、勉強をちゃんとやろうと思ったら、何かを捨てなければならないということだ。いくらあなたが要領のいい人でも、仕事をしながら食っていける資格、食っていけるスキルを身に付けるのは簡単ではない。

選択するのはあなた自身だが、「45歳からの勉強法」に真剣に取り組もうと思ったら、何かを捨てるべし。70歳まで現役を続け、5億円を稼ぐためには、それぐらいはしなければならないのである。

まとめ

2日続けて飲みに行く
⬅
朝1時間が捻出できない
⬅
捻出できたとしても生産性低下
⬅
だから飲み会や遊びを断る勇気を持つ

5

無駄な時間をそぎ落とす

時間をできるだけ勉強に投入しようと思ったら、日頃の無駄な時間をそぎ落とすこと。自分は無駄な時間など使っていないという人は、自分の生活を今一度見直してみることをお勧めする。

まず、自分の今日やった活動のうち、明日の自分に結び付く活動を書き出してみよう。○○の勉強をした、××の仕事を仕上げた、明日の仕事の資料を用意した……といくつかの活動を書き出すことができるだろう。でも、その時間を足し合わせても、せいぜい4、5時間ではないだろうか。

その他の時間は、睡眠、食事、通勤、特にアウトプットもない仕事、出ているだけの会議等に費やされている。睡眠、食事は仕方がないが、通勤の時間なら、それを勉強時間に転用することができる。スマホでインターネットを見たりしないで、本を読むとか、モノを考える時間にすれば、あなたにとって有意義な時間になる。

漫然とやっている仕事、アウトプットの出ない仕事なら、早めに切り上げ、アウトプットの出る仕事に集中したほうがよい。

特に何か成果につながったと胸を張って言えない時間は、ほとんどが無駄な時間である。これを徹底的にそぎ落とせば、勉強の時間が1、2時間は生まれてくる。

以上は、ウィークデイのことだが、土日はもっと無駄な時間のオンパレードだ。朝9時、10時まで寝ている。起きてからもボーッとしていて、午前中が終わる。

昼飯を食べて、テレビを見ていると、もう夕方。ようやく、夜になって勉強する気になるが、どうも気乗りしない。だらだらやっているうちに、夜中だ。寝ようと思うと、朝寝過ぎたためか寝付けない。結局、夜中の2時まで寝付けないで、月曜の朝起きたのは7時。睡眠不足で朝1時間の勉強どころではない。

これでは、貴重な土日が全く無駄になる。

こうならないために、生活のリズムを極力守ることが大切だ。土日は友達と勉強会をやる。予備校に行ってテストを受ける。朝早く起きて、喫茶店に行って、勉強する。

どの方法でもよいから、とにかくリズムを作り、それを崩さないことが重要である。

こうして生活のリズムが定まれば、勉強のリズムができ上がってくるだろう。

ここで、私が実践してきた無駄な時間の削ぎ落とし方についてのヒントを紹介しよう。その方法は3つある。

第一は、プロアクティブな時間のコントロール。

上司の招集した会議にどうせ出なければならないのなら、うまく上司をコントロールして、時間の無駄にならないようにする。

上司が要領が悪く、会議の進め方も満足に考えていないようなら、あなたから積極的に、「今日の会議はこんな議題でいかがでしょうか」、「提案を作ってみましたので、これを紹介させてもらってよいですか」とどんどん働きかけていく。

どう考えても結果につながりそうにない仕事を命じられたら、「ここのやり方をちょっと変えてやってみたいのですが、いいでしょうか」と上司を傷つけないように、やんわりと自分の意見を提案する。

こうしてプロアクティブに上司に働きかけていけば、上司もノーとは言わない。心よく相槌をうち、「もちろんOKだ。今度は君に任せてみよう」とほめてくれる。

こういうことを何度か重ねれば、上司も、すっかりあなたのことを信頼するようになって、何かあるごとに相談してくるようになる。こうなればシメたもの。時間の無駄が急激に減っていく。

第二は、やらなければならないことを即やること。

たとえば上司に命じられても、気分が乗らず、その気になれないことがある。あまり好きでない取引先に「挨拶に行って来い」、「何かを頼んで来い」と命じられたようなときだ。グズグズしていると、時間がたっていく。しまいに、上司が「どうだった」と聞いてくる。「まだ行ってません」と答えると、「早く行って来い」と言われ、仕事から手が離せなくても、行かざるを得なくなる。こうして時間を無駄にしていく。

こんなことになるぐらいなら、最初に言われたときに、仕事の切りのいいところで、サッサと行って来ればよかったということになる。

後悔しないように、やらなければならないことは、とにかくすぐやること。電話を一本入れれば済むことなら、すぐ電話をかける。メールを一本送れば済むことなら、すぐメールを打つ。会って話をしなければいけないことなら、すぐアポを入れる。

こうしておくと、無駄なやり取り、無駄な時間が減っていく。

第三は、つなぎの時間を極力なくすこと。

ひとつの仕事を終え、次の仕事を始めるまでの時間を短縮する。

ほとんどの人は、一仕事終えると、達成感とともに虚脱感を感じ、しばらく休んでしまう。なかなか次の仕事を始める気になれず、だらだらと時間を浪費していく。

これをゼロにしろとは言わないが、短縮することができれば、無駄な時間は大幅に減る。気分転換を早くして、次から次へと仕事を進めていくのだ。

まとめ

無駄な時間を徹底的にそぎ落とす

⬅

そのために
・プロアクティブに時間をコントロールする
・やらなければならないことは即やる
・つなぎの時間をなくす

⬅

勉強時間をひねり出す

おわりに

ここまでで、私自身が確立した「45歳から5億円を稼ぐ勉強法」を全部出しきったと思う。もう一度、ポイントを挙げるなら、

1. 勉強の対象を間違えないこと
2. 勉強のための勉強ではなく、仕事に役立てるための勉強をすること
3. 効率を重視し、すぐに自分の仕事に役立てることができるような勉強をすることが大事。つまり、仕事として勉強をやるということ
4. 目標を掲げて最後までやり切ること
5. 資格を手に入れても、常に次の展開を考え続けること

というところだろう。

これをやるか、やらないかはあなたの自由。できる人はやるし、できない人はあきらめる。

もちろん、あきらめたら70歳まで現役は続けられない。5億円も稼げない。

そして、つまらない、さびしい老後が待ち構えている。

一人でも多くの読者の方が、弱気にならず、勉強を続け、その成果をもとに70歳まで現役を続け、5億円を稼げるようになることを信じたい。

［著者］

植田 統（うえだ・おさむ）

弁護士、国際経営コンサルタント。

1957年生まれ。1981年、東京大学法学部卒業。東京銀行（現三菱東京UFJ銀行）に入行し、ダートマス大学MBA留学を経て、外資系経営コンサルティング会社に転職。その後、法律データベース会社レクシスネクシス・ジャパンの代表取締役を務めていた48歳のとき、ロースクールが夜間でも通えることを知り、一念発起して入学する。社長業をこなしながら勉強し、卒業時にはアリックスパートナーズに勤務。コンサルティング先の会社が民事再生を申し立てるなか、司法試験を受験し、一発で合格した。その後もコンサルタントを続けたが、54歳にして弁護士として独立。独立2年目にして年収は3000万円を突破した。2012年に名古屋商科大学大学院教授に就任し、社会人学生に経営戦略を講義している。

著書に『45歳からの会社人生に不安を感じたら読む本』、『人生に悔いを残さない45歳からの仕事術』（いずれも日本経済新聞出版社）、『40代を後悔しない仕事のルール41』（PHP研究所）、『残業ゼロでも必ず結果を出す人のスピード仕事術』（ダイヤモンド社）などがある。

著者エージェント　アップルシード・エージェンシー
校正　円水社

45歳《さい》から5億円《おくえん》を稼《かせ》ぐ勉強法《べんきょうほう》

2014年4月26日　初版発行

著　　者　植田 統
発 行 者　五百井健至
発 行 所　株式会社阪急コミュニケーションズ
〒153-8541　東京都目黒区目黒1丁目24番12号
電話　03-5436-5721（販売）
03-5436-5735（編集）
振替　00110-4-131334

印刷・製本　大日本印刷株式会社

Printed in Japan
ISBN978-4-484-14213-5